U0154366

# 西洋教育家的故事

## 兼論對教師專業與教學
## 輔導教師制度的啟示

張德銳　著

五南圖書出版公司 印行

# 推薦序

　　在中西雙方教育史中，教師都是一個古老的工作，有人視爲一種職業，有人視爲一生志業。歷史上，更出現多位學者，他們既是大哲學家，也是大教育家，或提出重要的教育思想或主張，影響後世；或有偉大教育事業、事蹟，爲後人所景仰。歐洲自 18 世紀起，陸續有專門培育教師的機構興起，如師範學校（normale ecolé）、訓練學校（training schools, training colleges），負責培育小學教師；此外，大學也陸續參與培育中學教師工作；有關的教育理念、知識與方法，逐漸系統化，形成教育學。20 世紀中小學教師的學歷，從中學、專科提升爲大學學士甚至碩士。而教師對於自身地位與身分的認同，雖有人基於權益考慮，以勞工自居；但仍有許多教育工作者是以專業人士自許，將整個師資養成過程，視爲教師專業化的歷程，關注的階段，從職前培育、在職進修到新手實習導入。然而，進入 21 世紀，隨著人工智慧 AI 興起，社會中許多行業受到挑戰，許多人擔心學校會消失，教師工作會爲 AI 機器人所取代。近日 ChatGPT 的出現，更造成社會震撼。但是根據李開復的分析，在 ChatGPT 時代，教師是未來「高枕無憂」的十種工作之一，因爲他除了需要有專業知識與技能外，與學生接觸時，更需要有同理心、有情感的關懷與熱忱，彼此眞

誠互動，這些都是冷冰冰的機器人或強大的超級電腦所欠缺的，也就是教育工作要有溫度，亦即前人所說的教育精神或教育愛。

然而在現代師資養成過程中，如何將師資生培育成有熱忱、有溫度、有情感且願意關懷學生的良師，是一道很難的課題。相較於西方，已逐漸放棄此項傳統，各國在建立教師專業標準時，很少有國家注意此一面向的培養。但是在我國，長期受到「經師」及「人師」傳統觀念的影響，始終未放棄努力，列入理想教師圖像中。只是該如何做，則是項挑戰。本書作者長期投入師範教育工作，從服務於國立新竹師範學院、臺北市立師範學院、臺北市立教育大學到輔仁大學，一直致力於師資培育的教學、輔導與研究工作。十多年來，更將重心放在教師專業發展，默默推動「教學輔導教師制度」」（mentor teacher program），帶領團隊進行初任教師導入及在職教師專業發展的工作。退休後，近三年更陸續完成《中外教育家的故事——兼論在教師專業與教學輔導教師制度的啟示》、《臺灣現代教育家的故事——兼論對教師專業與教學輔導教師的啟示》及《中國教育家的故事——兼論對教師專業與教學輔導教師的啟示》三書，共選擇36位中西教育家，介紹他們的教育思想與事蹟，及其教師專業與教學輔導教師的啟示，以供師資生效法。此種人格典範的學習，正是中國傳統道德教育的重要方法之一，也是早期師範教育課程中「教育史」一科重要的教學目標及教科書的主要書寫重點。學生透過對偉大教育家生平事蹟及教育思想的認識與學習而起效法之心，進而將其內化，成爲個人未來教育的信念。

本書在前三書的基礎上，共選出蘇格拉底、柏拉圖、亞里斯多德、康米紐斯、洛克、盧梭、康德、裴斯塔洛齊、福祿貝爾、杜威、施泰納、蒙特梭利等 12 位，雖有 5 位前書已介紹，但作者為求完整仍一併敘寫，讓讀者可看到更豐富的樣貌。這 12 位傳主，對過去西方教育乃至中日教育都有相當影響。除了盧梭外，其餘 11 位既有重要的教育理念，更有在主流教育體制外的困境中，實際教導學子或辦學的行動。儘管他們的教育理念或所規劃的教育制度，從現代教育的角度觀之，或仍有討論的餘地，但是其教育事蹟卻令人欽佩，例如：柏拉圖的學院、亞里斯多德的來西姆、康米紐斯的平民教育、裴斯塔洛齊的平民教育、福祿貝爾的幼兒園、杜威的實驗學校、施泰納的華德福學校及蒙特梭利的兒童教育等。讀完他們的教育事蹟後，則會生起有為者亦若是之心。對於今日的教師專業及教學輔導教師制度，也都有所啟示。

　　閱讀本書書稿時，除了重溫對西方教育史的認識外，更重要的是，深深感受到張德銳教授長期對師範教育工作的熱忱、執著及使命感，不禁由衷佩服。

周愚文

謹識於國立臺灣師範大學教育學系

112 年 2 月底

# 自　序

　　筆者在 2020 年寫完《中外教育家的故事——兼論在教師專業與教學輔導教師制度的啟示》這本書後，沒想到會在兩年內陸續寫完了《臺灣現代教育家的故事——兼論對教師專業與教學輔導教師的啟示》、《中國教育家的故事——兼論對教師專業與教學輔導教師的啟示》這兩本書。

　　為了完成最後一塊拼圖，乃以《中外教育家的故事——兼論在教師專業與教學輔導教師制度的啟示》為底本，從 6 位外國教育家中選取 5 位，再加上新撰的 7 位教育家，成為這本專以介紹西洋教育家的故事集。由於是在原有基礎上，新增添的介紹與論述，所以會與舊作有部分重疊，這點要請讀者們見諒。

　　筆者亦有考慮跳過原先已介紹過的外國教育家，選擇完全未論述過的教育家來加以介紹，但是這些教育家都是在西洋教育史上名聞遐邇、有卓越貢獻的大教育家，實在很難不在一本西洋教育史中加以介紹。是故，只好保留這些教育家的故事在本書中，並對渠等之教育思想再加以詳論。

　　寫完本書，筆者深感完成了一個退休教育學者應該要做的事。如同前面已寫過的三本教育家的故事所述，我撰寫這一系列書籍的主要

動機在於弘揚師道，其次在提升教師專業，其三在推動個人一生懸命的教學輔導教師制度。

　　師道目前在臺灣確有日趨式微的現象，而教師專業在臺灣，由於受到教育政治化與民粹化的影響，亦有所不彰。至於教學輔導教師制度在國外先進國家早已立法並推動了 40 年了，而在臺灣則僅有臺北市以行政命令的方式在認真推動，離全國各級學校全面普及的理想，差之甚遠。以上三點，筆者深以為憂，乃有撰述本書以及之前三本相關書籍的強烈使命感。

　　本書選擇了蘇格拉底、柏拉圖、亞里斯多德、康米紐斯、洛克、盧梭、康德、裴斯塔洛齊、福祿貝爾、杜威、施泰納、蒙特梭利等 12 位傳主。在選擇傳主的時候，主要考量的是其在教育上的影響力，其次是儘量顧及各時代的代表性與在傳主資訊的可得性。許多傳主，例如：教育學之父──赫爾巴特，筆者很想撰寫，但受限於國內缺乏管道獲得此一教育家的完整傳記和年譜的資訊，只好忍痛割愛，待來日有機緣撰寫續集時，再加以考量。

　　筆者在閱讀這些偉大教育家的事蹟與思想時，時而感到喜悅，但又時而感到嗟嘆。喜的是，能與古人交，能夠汲取其人生經驗與思想精萃，深深感受到學習的喜悅，並產生傚效之志；嘆的是，這些教育家雖死後獲得盛名，但生前大多或遭困厄（如康米紐斯），或懷才不遇（如柏拉圖），或所作所為遭時人誤解，甚至因為傳播真理而遭極刑（如蘇格拉底），筆者深感同理。但也就是這些偉大教育家有了這些不平凡的經驗，才能造就其在實際從事教育工作或著書立說上有傑出的成就與貢獻。我想古人如是，今人亦若是。

本書得以完成，要深深感謝周愚文教授賜予大序。另丁一顧教授協助提供印刷經費，本書乃得以在臺北市推動教學輔導制度的中小學以及訪視諮詢教授間加以流通。臺北市西湖國中退休校長劉榮嫦女士，協助潤飾文稿。何宥萱助理協助出版等事宜，亦表謝忱。

臺北市立大學、輔仁大學退休教授

張德銳 謹識

中華民國 112 年 2 月 28 日

# 目　錄

# Contents

# 目　錄

# Contents

# 目　錄

# 1

## 蘇格拉底 西方的孔子

## 一、前言

　　孔子（Confucius, 551-479 B.C.）與蘇格拉底（Socrates, 469-399 B.C.）分別是古代東方和西方教育的奠基者，是東西方精神文明的導師。蘇格拉底是東西方學界公認為西方孔子的大教育家，對於西方的哲學、宗教、文學與藝術亦皆有深遠的影響，非常值得加以介紹。是故，先略述其生平事略，再說明其教育思想，最後再闡述其生平事蹟與學說對教師專業與教學輔導教師制度的啟示。

## 二、生平簡述

　　孔子與蘇格拉底兩人皆述而不作，未遺留下本人所撰寫的著作。有關於蘇格拉底生平與事蹟的記載也非常稀少，僅能透過蘇格拉底的高足柏拉圖（Plato, 427-347 B.C.）的《對話錄》（*Dialogues*）及其著作，以及蘇格拉底的門人色諾芬（Xenophon, 430-355 B.C.）的追思錄《回憶蘇格拉底》（*Socrates-Memorabilia*）來一窺堂奧。

　　依據中野幸次（1980）、劉以煥與王鳳賢（2000）、林玉体（1995）、Internet Encyclopedia of Philosophy（2023）、Stanford Encyclopedia of Philosophy（2023）的論述，蘇格拉底的生平可以簡述如下：

### （一）出生平民家庭，父母重視教育

　　蘇格拉底於公元前 469 年誕生於雅典（Athens）的愛羅匹格區

（Alopeke）。父親索福羅尼斯克斯（Sophroniskos），是一位雕刻家，母親菲安娜蕾蒂（Phaenarete）是一位接生婆，有相當高明的接生技術。蘇格拉底的家庭並不貧窮，但也絕不富裕，不像柏拉圖那樣自稱出身貴族。

蘇格拉底小時候受過良好教育，這表明他的父母雖然是工人，但卻是事業成功的工人階級。他的父親很注重教育，舉凡音樂、體育、文學、藝術、歌劇、詩歌、天文、科學等，都讓蘇格拉底有涉獵的機會，所以蘇格拉底不僅有哲學的素養，也有相當的文學藝術修養以及自然科學知識。

## （二）生長於盛世，深受雅典文化的薰陶

公元前499年至前449年，波斯與古希臘城邦之間爆發一系列衝突，係為波希戰爭（Persian War），又稱希波戰爭。雅典從公元前480年波希戰爭中擊退波斯王薛西斯一世（Xerxes I）到公元前431年總計50年間，是雅典帝國的鼎盛時期。那時，雅典的經濟繁榮，為雅典的民主政治提供了紮實的基礎；政治與經濟的相互促進，又為文化的繁榮昌盛提供了不可或缺的物質條件。在伯里克勒斯（Pericles, 495-429 B.C.）的主政下，雅典出現了科學、文藝、哲學以及其他方面空前繁榮興盛的局面。

生長在此一黃金盛世，蘇格拉底所居住的雅典是「全希臘的學校」，在如此濃郁的文化氛圍中，少年蘇格拉底受到良好的教育，而在文化、體育、音樂、幾何、算術、天文等學科，獲得豐富而廣闊的知識。

在哲學方面，在公元前 453 年，蘇格拉底（時年 16 歲）閱讀愛奧尼亞哲學家（Ionian philosopher）、雅典領袖伯里克勒斯的顧問阿那克薩哥拉（Anaxagoras）的書。另外，蘇格拉底和他的導師，即自然哲學家阿基勞斯（Archelaus）過從甚密。公元前 452 年，蘇格拉底（時年 17 歲）隨同阿基勞斯一起前往薩摩斯島（the island of Samos），向愛奧尼亞哲學家梅利蘇斯（Melissus）學習。愛奧尼亞哲學家尋求對世界和物理現象起源的理性解釋，而不是訴諸超自然的解釋和神話。他們都試圖從物質、運動和能量的角度來解釋物質世界，因為它可以被物理感官所感知。這樣的思想，和當時雅典民眾所信仰的神話崇拜有很大的不同，造成蘇格拉底其後被控訴的原由之一。

## （三）其貌不揚，但內心光明的蘇格拉底

蘇格拉底是一個生來醜陋的男子，臉面扁平，大而向上的獅子鼻，兩眼相距很大，其間空白處是鼻樑，因兩眼分得太開，讓人感到很不勻稱。還有，蘇格拉底走路的姿勢也不甚雅觀，像一隻昂首闊步的鴨子，腆著一個肚子走路。

蘇格拉底雖然其貌不揚，但是他的靈魂卻十分的高尚，思維也極為敏捷。他知識豐富加上頗具幽默感，因此有著相當吸引人的人格魅力。他兩眼炯炯有神，閃耀著懾人的目光，人們一旦與他交談，都會被他親切待人的態度所攝住，不願立即離開。正是因為這樣的內心良善加上廣博的知識，吸引許多年輕人，如柏拉圖、克利多（Crito）成為他的忠實門徒。

蘇格拉底經常戲言，自稱自己是「愛神」（Eros），而且自認是「懂得愛的眞諦」的人。蘇格拉底與美男子兼神童阿爾奇畢亞德斯（Alcibiades）的故事，曾傳頌一時。蘇格拉底雖然對阿爾奇畢亞德斯的美麗外貌與才華著迷，甚至到達狂戀的地步，但他會用一顆赤誠的心面對他所喜歡、欣賞的人，而在道德上是絕對高貴、純潔的。這種愛或可說是「純粹的愛」、「神祕的愛」。

在日常生活上，蘇格拉底過著十分儉樸清貧的生活。其食衣住行，可以媲美「一簞食，一瓢飲，在陋巷。人不堪其憂，回也不改其樂」的顏回。在飲食方面，肚子餓了，就隨便吃一點，渴了才喝點飲料；在衣著方面，一年四季所穿的都是同樣一件質地平常的衣服；在行的方面，常年打著赤腳走路，甚至在寒冬臘月也不例外。

### （四）善盡公民職責的蘇格拉底

公元前 451 年，蘇格拉底時年 18 歲，在一個名爲 Dokimasia 的儀式上，受了檢查並順利註冊爲公民，這使他有資格承擔公民的權利與義務。在權利上，可以擔任公職等；在義務上，必須依年齡或階級限制，承擔許多由抽籤決定或者對所有公民要求的政府任務，首先是在雅典民兵中接受兩年的義務訓練，其後便要應召服役。在一個重要的意義上，Dokimasia 標誌著一個年輕人對雅典法律的忠誠。

公元前 431 年，希臘內戰伯羅奔尼撒戰爭（The Peloponnesian War, 431-404 B.C.）爆發。伯羅奔尼撒戰爭是一場古希臘戰爭，雅典和斯巴達（Sparta）及其各自的盟友爲爭奪希臘世界的霸權而展開了戰爭。戰局長期懸而未決，直到支持斯巴達的波斯帝國的介入下，才

扭轉戰局。在斯巴達將領萊山德（Lysander）的率領下，波斯資助建造的斯巴達艦隊終於打敗了雅典，開始了斯巴達在希臘的霸權統治時期。

蘇格拉底在雅典軍隊服役期間英勇作戰。就在伯羅奔尼撒戰爭開始之前，他幫助雅典人贏得了波提狄亞戰役（the battle of Potidaea, 432 B.C.），之後他救了雅典著名將領阿爾奇畢亞德斯（Alcibiades）的性命。他還在德立安戰役（the battle of Delium, 424 B.C.）和安菲波利斯戰役（the battle of Amphipolis, 422 B.C.）中作為 7,000 名重裝步兵之一，與 20,000 名士兵並肩作戰。雖然後兩場戰役對雅典來說都是以失敗告終的，但是蘇格拉底在戰鬥中的英勇果決與處變不驚的表現使他的聲譽日隆。

除了在軍中服役之外，蘇格拉底在公元前 406 年，時年 64 歲，擔任「五百人議事會」（Boule）的議員，任內職責之一係參與對其弟子阿爾奇畢亞德斯將軍的審判。起因是阿爾奇畢亞德斯所領導的雅典軍隊雖然在萊斯波斯島與阿基紐西群島間的海面上大勝斯巴達軍隊，但是卻犧牲了 25 艘戰艦和 4 千名士兵。當時許多雅典人認為，若非指揮官的怠慢、不負責任，這些士兵一定能獲救。

在 50 名參與審判的議員當中，唯有蘇格拉底反對阿爾奇畢亞德斯被缺席定罪並被判處死刑，財產沒收充公，因為他覺得這樣的判決對打勝仗的將軍來講，是太過殘酷的。因為蘇格拉底是唯一的反對者，其他議員都想要彈劾他、逮捕他，但是蘇格拉底並沒有畏懼，他相信他永遠是法律和正義的信徒。

公元前 404 年，蘇格拉底時年 66 歲，當斯巴達人因伯羅奔尼撒

戰爭勝利，進入雅典時，在斯巴達將領萊山德的命令下，雅典的民主政體消解，取而代之的是一個新產生的「三十寡頭」（the Thirty）。委員會命令蘇格拉底和其他四個人到沙拉密斯島將政敵李恩（Leon）逮捕處死。其他四個人都服從命令了，唯有蘇格拉底認為這是濫殺無辜而拒絕了，即使這樣的不服從有可能使蘇格拉底喪命，但是蘇格拉底認為如果死亡與拋棄正義要讓他選擇時，他會毅然決然地選擇死亡。

## （五）一心追求真知的蘇格拉底

除了盡公民的義務之外，蘇格拉底的一生多在追求與傳播真正的知。蘇氏名言：「除了無知外，我一無所知。」（I know nothing except the fact of my ignorance.）蘇格拉底尋找知識的方法是先了解自己，而了解自己最好的方法，除了自我反省與沉思之外，就是用別人的鏡子來照自己，也就是說經過與他人在街頭巷尾的交談、問答，來檢視自己和別人的見解。蘇格拉底做這件事時，有一種強烈的感覺，他覺得「自己像牛虻一樣」。牛虻忙吸食人血得以生存，蘇格拉底的行為也有類似的結果。他的交談有時會把人從睡夢中吵醒，使雅典人知道自己的無知，警戒他們照顧自己的靈魂，獲得至善至美的生活知識。

蘇格拉底這種自認為「虛心求教，不恥下問」、「求知若渴，殉道也不悔」的行為，雖然獲得許多青年人的認同，而願意死心塌地追隨他，但是也遭受雅典人，特別是許多權貴的不滿，認為他自視甚高、過於傲慢，讓人感到難堪、羞愧、丟臉，而惹下殺身之禍。這種

處境，很像屈原的「舉世皆濁我獨清，眾人皆醉我獨醒。」

## （六）傳播理性信仰的蘇格拉底

蘇格拉底信仰理性主義，是西方理性主義的開創者。早年的哲學訓練，讓他堅信世界和物理現象的起源係基於理性，而不是訴諸超自然的解釋和神話。換言之，「理性」為萬物建立秩序，也是萬物存在的原因。這樣的思想，和當時雅典民眾所信仰的多神論和神話崇拜有很大的區別，遂遭致其後被以褻瀆神明而獲罪。

蘇格拉底建立了「靈魂不朽」的學說，他認為每個人天生具有「神性」，但是人們卻往往自甘墮落，迷失了神性，如果能加以洗淨、澄清，罪和死亡就能得到解放，獲得永生。「靈魂」是「存在我們體內的一種精神，我們憑它來斷定我們的智、愚、善、惡」。如此看來，靈魂不是鬼魂，而是一種自覺的人格。因此，蘇格拉底一直強調，要「照顧靈魂，使它臻於至善至美」。他所說的「靈魂」即是「按道德、禮儀行事」；他所說的「照顧」，則是在培養理性，要使思考與行為都能合乎理性。如果一個人能對自己的所作所為提出理性的解釋，就是盡到了照顧靈魂的職責。

然而，當時雅典人民係過著由城市及其官員正式批准的儀式、慶典和獻祭的生活。神聖融入了公民的日常經驗，他們透過正確遵守祖先的傳統來展示他們的虔誠。在他們的信仰中，眾神是渴望權力的超級生物，經常干預人類事務，而不是無所不知、無所不善或永恆的唯一真神。相反的，蘇格拉底認為神總是仁慈的、真實的、權威的和明智的。對他來說，神性總是按照理性的標準運作。然而，這種神性概

念摒棄了傳統的祈禱和犧牲概念，使得城邦中最重要的儀式和祭祀變得毫無用處，因為如果神明都是善的，那麼無論人類是否供奉祂們，祂們都會造福於人類。

## （七）遭時人誤解與控訴的蘇格拉底

公元前 403 年，蘇格拉底時年 66 歲時，雅典恢復奴隸主民主政體。公元前 399 年，蘇格拉底時年 70 歲時，被米利特斯（Meletus）、安紐托斯（Anytus）、李康（Lycon）等三人控以藐視傳統宗教、引進新神、腐化青年等罪名，控訴到雅典的法庭，起訴狀的內容如下（中野幸次，1980-86）：

> 匹托斯區民米利特斯的兒子米利特斯，宣誓關於底下這件事：
> 我告發愛羅匹格區民索福羅尼斯克斯的兒子蘇格拉底，他不承認國家所規定的眾神，引入其他的神（宗教行為），並且蠱惑青年犯罪，我們要求將他判決死刑，以整肅國法。

告訴狀由當時的執政官審理後，將全案交付平民陪審團進行，陪審員一方面調查證據，一方面也是裁判官，共有 500 人。蘇格拉底據理力爭，雖然做了強而有力的辯白，但是投票結果還是以 281 票認為蘇格拉底有罪，220 票贊成他無罪。因為認為他有罪的票數較多，所以被判處死刑。

## （八）選擇服從判決，從容殉道

　　從判決那一天到行刑，蘇格拉底在獄中度過了一個月。在這期間，他和親人、朋友們談話，一點也不害怕、不迷惑、不沮喪，他的態度穩重而冷靜，淡然接受死亡的來臨。

　　他的朋友和弟子們極力提出他可以乞求赦免或者外出逃亡的建議，他們可以全力幫忙，而且也可以做到，但是蘇格拉底並未接受。他不乞求赦免，是因為他不認為自己有罪；他不逃亡的最大理由是——逃遁以求苟活是卑袪的行為，而法律是必須服從的。他面對死亡的抉擇，表現了他的守法、自信和愛知的精神。其次，他不畏懼死亡，因為他認為靈魂不朽，堅信人死後會到另一個更良善的世界。

　　最終，偉大的蘇格拉底拒絕了朋友和學生的要求，飲下毒酒而死，終年 70 歲。這是人類歷史上的千古奇冤之一。

## 三、教育學說

　　林玉体（2011）指出，蘇格拉底的教育理念有三：

（一）「知你自己」─無知之知：為了能夠「有知」，卻必先抱持「無知」的心態。這種心態頗似《論語・為政》：「由，誨女知之乎？知之為知之，不知為不知，是知也。」

（二）少數人的精英之見，勝於多數人的陳腐言論：誠如柏拉圖所言：「一種良好的判斷，是根據知識，而非取決於數量。」（林玉体，2013-27）是故，在政治上少數固然要服從多數，

但是更重要的是多數應尊重少數。

（三）知即德（knowledge is virtue），知行合一：知本身就是一種善（德），而知善者必然行善。一個人會行惡，乃因他無知；真正有知的人，是必然會知行合一而有善行的。

林玉体（2011）復指出，蘇格拉底的教學方法有二：

（一）產婆術：蘇格拉底的母親是助產士，蘇氏即以助產的方式來比喻自己引發別人思考問題的方法。即利用不斷的提出問題，迫使對方努力思考，尋找答案，進而激發天賦的思想。知識是「由內而外」的引出（elicit），而不是「由外而內」的灌輸。

（二）歸納法以尋求定義：誠如亞里斯多德（Aristotle, 384-322 B.C.）所言：「有兩事歸於蘇格拉底是恰當的，一是以歸納論證（inductive argument），一是普遍性的定義（general definition）。」（林玉体，2013-32）

## 四、對教師專業的啟示

綜觀蘇格拉底的事蹟與思想，有許多值得臺灣教師學習的地方。首先，一位好老師內心良善光明。一個人的外表是天生的，很難改變，但是內心的修為，是後天可以培養的。有了良善的心，就能對學生同情與憐憫，進而實踐教育愛；有了光明的心，平日對待學生和同事會更正向，遇到困難也能淡然處之。

教師要有廣博的知識，並具有幽默感，才能有吸引人的人格魅力，吸引學生在春風化雨中生動有趣地學習與成長。沒有廣博的知

識，很難帶領學生做加深加廣的學習；沒有幽默感會使教學較為乏味，缺乏教學過程中的潤滑劑。

教師要有廣博的知識，有賴教師的學習，而教師的學習首先必要抱持「無知」、「求知若渴」的心態，不但可以向比我們高明的專家學習，而且可以不恥下問，向學校裡的資淺同事或學生學習。所謂「三人行必有我師焉」，便是同樣的道理。

其次，教師學習的兩個主要途徑在於自我反思及與同事的專業對話。任何知識，如果透過自我的思索，則可能會頓然領悟、融會貫通；如果又能與同事經由對話與問答，彼此互為一面鏡子，一方面來檢視自己的見解，另方面學習對方的優點與長處，這樣不但知識增長了，而且與同事的情誼也提升了，實是一舉兩得的事。

教師在學習了知識之後，應該要「知行合一」，把自己所學的應用在教學實務上，然後做不斷的修正與充實，形塑自己的教學實踐智慧。否則，光有知識而沒有行動，這種知識是空虛的、沒有實用價值的。誠如德國大哲學家康德（Immanuel Kant, 1724-1804）所說的：「沒有內涵的思想是空的，沒有概念的直觀是盲目的」（Thoughts without content are empty, and intuitions without concept are blind.）。

教師在教學時，首在有教無類的態度，公平地對待每一位學生，把每一位學生都帶上來。就像蘇格拉無論在家中、在市場、在街上，他都不吝嗇地與人討論，不談任何條件，更不要說收取學費了。「有教無類」及「因材施教」誠為人類教育的兩個最高法則。

在教學法上，教師要善用產婆術，不斷地向學生提出問題，鼓勵學生努力思考，自己尋找答案，而不是灌輸學生觀念與思想。學生能

夠自己找到答案，不但知識增進了，而且也學得了自行解決問題的方法與習慣，這對於他日後的學習與生活適應會有很大的幫助。

在班級經營上，要重視學習環境的布置以及學習氣氛的營造，讓學生在學習文化的薰陶上，產生「境教」的功能。教育學生可以大體分三個重點，身教、言教、境教，其中境教有其重要性。

最後，教師要有為公平正義而發聲與實踐的作為，發揮「轉化型知識分子」（transformative intellectuals）的力量。我們可以學習蘇格拉底為真理而殉道的精神，對於學校現況會有所反省批判，並且實際參與學校的革新與發展行動，為學生創建更美好的學習環境。先賢范仲淹有言：「寧鳴而死，不默而生」，便是這個道理。

## 五、對教學輔導教師制度的啟示

蘇格拉底的生平事略及學說對於教學輔導教師制度亦頗有啟示。首先，「教學輔導教師制度」（mentor teacher program）是一種貴人啟導的制度，其目的是經由一位資深優良教師的陪伴與支持，讓初任教師、新進教師、自願成長的教師、以及教學困難的教師（統稱夥伴教師，取其與教學輔導教師協同成長之意），儘速適應教職環境，並且在教師專業上持續地發展，是一個立意甚為良善的制度。教學輔導教師（mentor teacher）要有良善的心，願意對夥伴教師展現善意與善行，協助夥伴教師把每一位學生都帶上來。「以善引善」係教學輔導教師制度的一個核心精神。

其次，教學輔導教師要有廣博的課程與教學方面的知識，並具有

幽默感，才能有吸引人的人格魅力，吸引夥伴教師在溫馨的環境中學習與成長。如果沒有廣博的知識，教學輔導教師能夠傳承給夥伴教師的便相當有限。沒有幽默感，則在教學輔導過程中缺乏潤滑劑，將影響教學輔導的成效。

教學輔導教師與夥伴教師的互動歷程是一個雙向的歷程，而不是單向的傳輸。也就是說，教學輔導教師不但可以將教學智慧薪傳給夥伴教師，而且可以向資淺的夥伴教師學習，特別是在資訊教育以及教學創新方面。所謂「聞道有先後，術業有專攻」，便是這個道理。

在教學輔導歷程中，教學輔導教師可以經由與夥伴教師的密切對話，除了鼓勵夥伴教師的優良表現，亦可以引導夥伴教師經由「自我反思」的途徑，不斷地學習與成長，並順利解決教學問題。通常作為一位初任教師或新進教師，常承擔較繁忙煩重的教學工作，而忙到不知所措時，每日或每週找一個時間，靜下來思考和反省，經由「定靜安慮得」的功夫，往往能找到適切的解決策略。

教學輔導教師也可以善用產婆術，對夥伴教師施予輔導。亦即，不斷地向夥伴教師提出問題，鼓勵其努力思考，自己尋找答案，而不是灌輸教學知識與技能，畢竟，「引導」比「灌輸」更符合成人學習的原則。

最後，教學輔導教師要做「教師領導者」（teacher leader），發揮「轉化型知識分子」的力量。一方面，基於良知良能對學校現況發展提供建設性的意見；另方面，實際參與學校的革新與發展行動，為教學專業創建更美好的明天。

## 六、結語

　　蘇格拉底是西洋偉大的教育家和思想家。在歐洲歷史上，他一直被看作是為追求真理而死的聖人，幾乎與孔子在中國歷史上所占的地位相同。對於這兩位教育家、哲學家，一生以追求真理為務，身體力行，不畏艱難險阻，是知行合一的典範，是古今第一等人，非常值得向他們致敬與學習。

# 2

## 柏拉圖　學院的創始人

## 一、前言

柏拉圖（Plato, 427-347 B.C.）是古希臘的大哲學家，對於西方的哲學、政治、文學有巨大的影響，特別是他創立了「學院」（Academy），係現代大學和研究院的雛形，培養了無數國之精英，很值得加以介紹。是故，先略述其生平事略，再說明其教育思想，最後再闡述其生平事蹟與學說對教師專業與教學輔導教師制度的啟示。

## 二、生平簡述

依據田士章與余紀元（1991）、賴輝亮（1997）、傅佩榮（1998）、林玉体（2011）的論述，柏拉圖的生平可以簡述如下：

### （一）出生貴族家庭，接受良好教育

柏拉圖於公元前 427 年誕生於雅典（Athens）附近的埃癸那（Aegins），父母親皆是名門望族之後。父親阿里斯頓（Ariston）的世系可以追溯到公元前 11 世紀希臘國王科德魯斯（Codrus）；母親伯瑞克娣奧勒（Perictione）係著名政治改革家梭倫（Solon）的後裔。柏拉圖幼年喪父，其母改嫁給畢里普斯（Pyrilampes）。他的親戚多為當時的達官顯要，例如：舅父克里底亞（Kritias）和表弟查米德斯（Knarmides）均為「三十寡頭」（the Thirty）的核心成員。

柏拉圖青少年時，是在他的繼父家中度過的。繼父畢里普斯是一位很有影響力的政治家，係雅典全盛時期的首席司令官伯里克勒斯

（Pericles, 495-429 B.C.）的摯友與政治盟友，曾出使波斯及其他亞洲國家。畢里普斯對待柏拉圖甚好，對柏拉圖產生良好的影響。在青少年時期，柏拉圖主要是受到母系家庭及繼父的影響，他對自己的母系家族充滿懷念之情，並且感到驕傲。

由於出身貴族和雅典重文化與教育的傳統，柏拉圖自幼就受到良好的教育。少年柏拉圖風流倜儻，才華橫溢。他喜愛繪畫，寫過詩歌和悲劇，還曾在戲劇演出中參加過合唱團並擔任指揮。他還擅長和熱衷體育活動，相傳曾在伊斯特萊亞賽會上比賽過摔跤。

柏拉圖的文學造詣極高，他在成年後所撰寫的《柏拉圖對話錄》（*Dialogues of Plato*）不僅是哲學著作，而且富含文學意味：筆調優美、說理清晰、想像力豐富，顯示柏拉圖驚人的文學才華，並非一般哲學書籍之冷僻艱深可以比擬。

## （二）從學蘇格拉底，薪傳亞里斯多德

柏拉圖沒有成為詩人，而走上了哲學的道路。引導柏拉圖把興趣從詩歌、戲劇轉向哲學的正是「西方的孔子」——蘇格拉底（Socrates, 469-399 B.C.）。大約在公元前 407 年，柏拉圖時年 20 歲，成為蘇格拉底的學生。當時蘇格拉底已經是 61 歲的老人了，周圍雲集著許多雅典和來自外邦的追隨者。蘇格拉底經常在公共場合與青年們交談，施展他的思想助產術，與人辯論，教人獨立思考，認真分析問題。他主張認識自己的無知，只有神是全知全能的思想，與當時流行於希臘的智者學派（sophists）主張迥然不同，在雅典吸引許多青年來向他學習，而柏拉圖便是其中的一個佼佼者。當時柏拉圖參加一個

悲劇競賽會，在劇場前聽到蘇格拉底的教誨，心中震撼不已，遂將自己的作品燒掉。自此以蘇格拉底為學習對象，終身欽慕，並作為蘇格拉底生平事蹟與思想的代言人。

希臘雅典的三大哲人：蘇格拉底、柏拉圖、亞里斯多德（Aristotle, 384-322 B.C.），在哲學方面舉足輕重，係西洋哲學的奠基者。這三人之間關係密切，蘇格拉底藉由「思辨」宣揚哲學觀點，柏拉圖是他的弟子，將老師的思想與對話記錄下來，然後將之傳承給亞里斯多德。亞里斯多德於 17 歲時進入柏拉圖所創辦的學院，在學院中學習、研究和任教長達 20 年之久，成為博學多才的人物，直到柏拉圖死後，方才離開學院自立門戶，係柏拉圖最傑出的得意門生。

惟蘇格拉底、柏拉圖、亞里斯多德三人雖然一脈相傳，但是各有其獨創性，而不是一味地承襲而已。「吾愛吾師，吾更愛真理。」是亞里斯多德的名言，也是其師柏拉圖一生追求真理的最高原則。作為蘇格拉底的學生，柏拉圖把其師的學說，做了更深一層的開創和闡揚。作為柏拉圖的學生，亞里斯多德除了詮釋柏拉圖的學說之外，更是有所開創。比如，柏拉圖從理想願景出發，虛構一個能體現城邦正義的烏托邦；亞里斯多德則從現實角度出發，分析希臘各城邦政治制度的利弊得失。因此，亞里斯多德的《政治學》（*Politics*）與柏拉圖的《理想國》（*The Republic*）雙峰並立，各有千秋。

## （三）有心從政，邦無道則隱

在《論語‧衛靈公》篇中，孔子說：「邦有道，則仕；邦無道，則可卷而懷之。」這一段話，也是頗適用於柏拉圖的心境。柏拉圖在

青年時期曾數度想要從事政治活動，而且因為他的家世背景，這會使他比較容易獲得顯貴的地位，然而柏拉圖並沒有混跡官場，而是走上了一條從事學術研究與教書育人的工作，這其中原由有二：其一是當斯巴達人因伯羅奔尼撒戰爭勝利，進入雅典時，在斯巴達所主導的「三十寡頭」政體，使雅典的貴族政治墮落為寡頭政治，而寡頭政體濫殺無辜，這使他驚醒過來，重新考慮自己的人生道路；其二是寡頭政治之後的雅典民主政治雖獲得恢復，但卻也江河日下，特別是它誣告和處死了其師蘇格拉底，這使他痛心疾首，重新選擇自己的人生道路。這兩點原由在他的第七封書札中有以下告白（田士章、余紀元，1991-16）：

> 當初我對於政治，雄心勃勃，但一再考慮，看到政局混亂，我徬徨四顧，莫知所措。我反覆思之，唯有大聲疾呼，推崇真正的哲學，使哲學家獲得政權，成為政治家，或者政治家奇蹟般地成為哲學家，否則人類災禍總是無法避免的。

在公元前 399 年，當蘇格拉底被人誣告並判處死刑時，雅典人對蘇格拉底的仇視情緒達到了最高潮。為了避免遭受波及，蘇格拉底的學生們，包括柏拉圖在內，紛紛逃離雅典。柏拉圖離開雅典後，前往麥加拉（Megara），投靠他的好友歐克里德（Eucleides）。此後，他又到非洲的西勤尼（Cyreneus）、埃及、義大利、西西里島等地遊學，長達 12 年之久，結識了許多哲學家、政治家、自然科學家、數學家和宗教僧侶，在學術探討與心靈啟發上都有豐富的收穫。

## （四）創立學院，從事高等教育工作

　　柏拉圖返回雅典後，開始從事教學活動。公元前387年，柏拉圖40歲時，他創辦了一所學校。這所學校位於雅典城外東北約一公里處，因地近爲了紀念希臘英雄阿得牧斯（Academus）的神殿附近，就取名「學院」（Academy），這是歐洲的第一所大學，也是西方高等教育的濫觴。

　　柏拉圖的學院所涵蓋的研究領域，除了以哲學爲主外，還有各種輔助的科學，如數學、天文學、自然學等。學院的入口處懸掛著一句名言：「不懂幾何學者，請勿入我門。」在此幾何學並不是指純數學，還蘊含了品行端莊的意思。可見，柏拉圖的教育措施係智德兼修的教育。

　　柏拉圖的學院強調以科學的態度追求眞理，目的在於培養具有哲學素養的政治家與統治者，亦即「哲學家皇帝」（philosopher-king），此種統治者必須有充分的哲學和數學的訓練，愛好眞理和知識，並以眞理和知識統治、照顧、教導人民，爲人民謀眞正的幸福與安樂。學習的科目，以哲學總其成；但是先修科目包括數學、天文學、和聲學等，都要以客觀而且不計私人利益的精神去學習。

　　在學院裡，柏拉圖親自授課，採用的教學方法主要是沿襲其師「蘇格拉底式的對話」，教師和學生們親切交談，自由研討，一問一答，生動活潑。透過對學生提出問題或者回答學生所提出的問題，以達到啟迪智慧，增長才幹的目的，而不是一味地由外而內的灌輸。

　　柏拉圖所創辦的學院極爲成功，學生來源除來自雅典之外，希臘

各城邦，甚至北非各地都有學生慕名而來。學院卓有成效地培養出許多傑出人才，有的學會治國之術，成了政治顯貴；有的成了著名學者，在人類思想發展史上留下難以磨滅的足跡。而在柏拉圖所有學生中，尤以亞里斯多德最爲傑出。

柏拉圖所創辦的學院持續辦了 9 百多年，直至公元 529 年才關閉。學院的辦學內容和精神影響其後歐洲各國於中世紀所創立的大學，爲西方高等教育的發展提供了一個很好的基礎。

## （五）三度前往西西里島，欲實現政治理想

柏拉圖曾三次前往西西里島（Sicily），欲實現他的政治理想。第一次係在公元前 388 年，柏拉圖時年 39 歲，在遊歷南義大利時，渡海前往西西里島訪問，結識了好友第翁（Dion），並在第翁引薦下，與敘拉吉（Syracuse）的僭主狄奧尼修一世（Dionysios I）會面。由於第翁係狄奧尼修一世的妻弟，柏拉圖試圖利用第翁的政治地位與影響力，培育「哲學家皇帝」，以實現他用哲學思想來改造國家的理想。但可惜的是，狄奧尼修一世是一個野心勃勃、剛愎自用的獨裁者，並沒有採納柏拉圖的意見，致使這次交往不歡而散。

柏拉圖回雅典後，辦學有成，聲譽卓著，廣受各界景仰。公元前 367 年，柏拉圖時年 60 歲，又受第翁引薦下，到西西里島教導剛繼位的狄奧尼修二世（Dionysios II）。很可惜的是，狄奧尼修二世也是一個不堪教化的小人，他不但對柏拉圖的諄諄教誨無心領教，而且還對柏拉圖和第翁之間的親密友誼十分妒忌，柏拉圖乃受迫再度回到雅典，而被放逐的友人第翁也來到雅典，並積極參與學院的工作。

公元前 361 年，柏拉圖時年 66 歲，狄奧尼修二世再度邀請柏拉圖到西西里島。柏拉圖此時希望草擬一部憲章來團結大希臘各城邦，共同對抗迦太基人的威脅，無奈反對者眾，以致沒有結果。柏拉圖乃於公元前 360 年回到雅典。

## （六）著作等身，西方一代大哲

柏拉圖回到雅典後，專心辦學與著述工作，直到公元前 347 年，時年 80 歲去世為止。柏拉圖係希臘三哲的承先啟後者，也是西方客觀唯心主義的創始人，其哲學體系博大精深，對其教學思想影響尤甚。柏拉圖認為世界由「理念世界」（ideal world）和「現象世界」（phenomenal world）所組成。理念的世界是真實永恆的存在，而人類感官所接觸到的這個現實的世界，只不過是理念世界的縮影，它由現象所組成的，而每一現象皆是因時空等因素的變化而變動不居的。

柏拉圖一生寫了大量的著作，這些著作幾乎全部被保存下來，而且保存得很完整。以柏拉圖的名義流傳至今的著作有 35 篇對話錄、13 封信札和 1 本定義集。然而這些著作存在著真偽的問題，自古以來是學者們討論的焦點。

柏拉圖對於西方哲學與文化的影響十分巨大。後人討論西方文化，常有一句名言：「談起希臘文化，轉頭必見柏拉圖。」在哲學方面，大哲學家懷德海（Alfred North Whitehead, 1861-1947）有云：「西方二千多年的哲學，只不過是柏拉圖思想的一系列註解而已。」柏拉圖的弟子亞里斯多德在憶及恩師時，不禁喟然贊曰（傅佩榮，1998-7）：

這是一位出類拔萃的人，

他的名號使邪惡之徒緘口吞聲，

除他之外更無別人以言以行昭示眾生：

有德行者必享眞幸福，

嗚呼，我輩凡人無可與他匹儔。


## 三、教育學說

賈馥茗等人（2013）指出，柏拉圖的教育學說，不僅爲其哲學思想的反映，而且也爲其政治理念的實現，亦即培育兼俱哲學與政治理念的國家領袖。爲能實現此一理想，柏拉圖設計了一套井然有序的教育計畫，作爲培養各類社會成員的依據，也作爲養成哲學家皇帝的憑藉。

賈馥茗等人（2013）、許智偉（2012）指出，柏拉圖對於教育活動的安排，分爲下列七個教育階段：

（一）6 歲前：重視幼童的養護。教導以神話、故事及字詞爲主，培養幼童基本的常識及語言能力。

（二）6 歲至 18 歲：教育所注重的是音樂和體育的學習，據以養成健全的身體與和諧的心靈。另外還有文法、修辭、邏輯、數學及天文學等學科的修習。

（三）18 歲至 20 歲：學生進入軍營接受軍事鍛鍊，學習作戰技能，參與作戰演習。成績及格者，繼續升學；成績不合格者，則進

入社會就業，擔任農工商的生產工作。

（四）20 歲至 30 歲：正式展開為期 10 年的軍旅生活，期間仍要修習算術、幾何、天文及音樂學科。成績及格者，繼續升學；成績不合格者，則投筆從戎，擔任護國衛民的軍官、士兵或警察。

（五）30 歲至 35 歲：專研數學及辯證兩科後，資質和能力較差者，擔任中低階行政官員。資質和能力較高者，經選拔通過後，接受 5 年的深造教育，學科則為數學、幾何、天文及辯證，旨在培養高層官吏和領袖。

（六）35 歲至 50 歲：主要任務在嫻習政務，增廣見聞，提升從政的能力，成為國家政府的高層官員。然後在這些高層官員中，選取最具理性思辨能力的人，出任國家領袖，即哲學家皇帝。

（七）50 歲後：身為領導人的哲學家皇帝，除主持國政、制訂國策外，依然要持續學習、持續探索真理，至死不渝，並且鼓勵、教導人民從事真理的探索和學習。

## 四、對教師專業的啟示

綜觀柏拉圖的事蹟與思想，有許多值得臺灣教師學習的地方。首先，一位好老師要有追求真理的精神。「吾愛吾師，吾更愛真理。」確實是每一位做學問的讀書人，特別是現代的老師所必須遵守的圭臬。對於一切教育科學的研究和創作，核心價值就是求真，具體來講，就是實事求是，不做假，不能無中生有，不可誇大渲染，更不能

把別人的創見據為己有。

現代教師追求真理是一輩子的事，並不僅限於師資職前培育階段，在導入輔導階段以及在職專業發展階段，都要賡續不輟地追求教育科學的真知灼見，甚至在退休的時候，仍然要繼續追求教育的新知。這種終身學習的精神，是柏拉圖勉勵吾輩要持續學習、持續探索真理，至死不渝的為學處世精神。

在追求知識的方法上，除了閱讀和上課之外，遊學也是一個很好的方式。「讀萬卷書，行萬里路。」就像柏拉圖遊學埃及、義大利、西西里島等地，在學術探討與心靈啟發上都有豐富的收穫，現代的教師可以利用寒暑假在國內外遊學，廣結善知識，藉以充實自己。

除了追求知識之外，現代教師也應該是一位術德兼修的好老師。「學為良師，行為世範。」只有知識，沒有師德，只是一位教書匠；有了知識，又有師德，才能成為經師與人師兼備的良師。而這種良師，才是學生和同儕心目中可以學習的典範。

一位好老師更要有薪火相傳的實際表現。就像柏拉圖從學蘇格拉底，然後將所學薪傳給亞里斯多德一樣，才能將教育的知識與智慧加以保留，進而加以創新。否則，教育現場的知識與智慧，如果不加以薪傳的話，將隨著退休而煙消雲散，那是十分可惜的事。

在教育內容上，教師教給學生的，應該是智德兼修，讓學生成為有學問的謙謙君子。教育內容不能只限於知識，品德的陶冶更是重要的內涵。即使在知識的傳授上，不應只是讀寫算等基本能力，而是還有文法、修辭、邏輯、數學以及天文等自然學科的學習，是為一種博雅的通才教育。

另外，柏拉圖的教育是非常重視以運動鍛練身體、以音樂陶冶心靈。沒有健康的身體，就沒有謀幸福的本錢；沒有音樂的陶冶，無益於智力的發展與德性的培養，所以現代的教育也要重視學生在詩歌、音律及舞蹈知能的發展，這樣才能達成德智體群美五育均衡發展，也就是全人教育的理想。

　　在教學方法上，教師要善用由內而外的「引出」，而不是由外而內的「灌輸」。善用產婆術教學法，在提供學生一些基本知識後，善用提問與討論，問學生一些有引導性的問題，引導學生思考，在談話中激起學生內心的興趣，協助學生發展自己的理念，重視學生的思考過程，讓學生自行發現答案，這樣不但能培養自行解決問題的方法與習慣，而且可以發揮創造思考的潛能。

　　此外，要善用家庭教育的力量。家庭是每個人最早接觸的團體，父母如果能給予孩子正確的教導，孩子自然能夠成為有品德的人，如果父母不理會孩子的教育發展，則孩子可能會因而學壞。由此可見，家庭教育的良善與否，常決定學生品質的良窳，是故現代教師要善用這一方面的功能，協助家長做好親職教育，並與家長協同合作，教好每一個學生。

　　在班級經營上，除了親師溝通與合作，學習環境的營造，也深深影響學習的成效，就像柏拉圖生長於雅典濃厚的文化氛圍，自然很容易受到薰陶，而在心智上有顯著的發展。是故，一位有效能的教師，會結合學生與家長的力量進行班級環境的規劃與布置，使師生在一個賞心悅目的環境下，享受教學與學習的樂趣。

　　「邦有道，則仕；邦無道，則隱。」如果教師在教學之餘，覺得

在學校行政上可以發揮更多的功能，那麼便可以考慮擔任組長、主任，最後成為一位校長。當然如果教師覺得行政氛圍不佳，或者無此一方面的志趣，那麼像柏拉圖一樣，專注於教學與學術研究工作，也是很好的選擇。

## 五、對教學輔導教師制度的啟示

柏拉圖的生平事略及學說對於教學輔導教師制度亦有許多啟示。首先要嚴格甄選術德兼修的好老師，作為教學輔導教師。教學輔導教師不但需在課程與教學上學有專精，而且要有高尚的品德和助人的意願，這樣才足以為夥伴教師的師傅教師。

學有專精的好老師不見得是一位勝任教學輔導工作的輔導員。除了課程與教學上學有所長之外，更需要追求教學輔導領域的真知灼見。須知教學輔導的知識發展迅速，已然成為一個專業的領域，需要教學輔導教師悉心學習才能勝任工作。

學習教學輔導的方式除了研習與進修之外，亦可以採用遊學的方式，也就是到校內外、跨縣市的教學現場，向資深的教學輔導教師學習，甚至如果有機會也可以到國外的學校參訪與學習，這樣不但可以增進自己的教學輔導職能，而且也可以擴大自己的視野。

在教學輔導工作中，教學輔導教師要秉持「薪火相傳」的精神，做好教學知識與智慧的傳承工作，這樣才能把教學智慧保留下來，進而發揚光大。教學工作隱藏著太多的實踐智慧，這種默會知識特別適合且需要以面對面、人教人的方式由師父去潛移默化，由弟子去心領

神會。夥伴教師在直接的與教學輔導教師的互動中，習得的不只是教學知識與技能，更包括教學態度與價值觀。總之，就傳授教學實踐智慧的目的而言，薪火相傳的師徒制係最佳手段之一。

在教學輔導方法上，教學輔導教師要善用由內而外的「引出」，而不是由外而內的「灌輸」，這樣才能符合成人學習的原則。教學輔導教師可以善用提問與討論，多問夥伴教師有興趣探索的問題，引導夥伴教師思考，讓夥伴教師自行發現答案，這樣不但能培養夥伴教師自行解決問題的方法與習慣，而且可以發揮其創造思考的能力。

最後，教學輔導教師除了對夥伴教師提供服務，如有意願可以擴大服務的範圍，例如：承擔「研究教師」（research teacher）職責，帶領教師同儕進行「協同行動研究」（collaborative action research），甚至「全校性行動研究」（schoolwide action research）。另外，對學校行政工作有興趣的教學輔導教師也可以轉任教務主任，或者經由遴選擔任校長的工作。這種狀況，在臺北市的教學輔導教師實施案例中，已所在多有。

## 六、結語

柏拉圖是西方偉大的思想家和教育家。他的思想，影響西方的文化發展和哲學走向；他所開創的學院，係當今大學與研究院的前身。另外，他那種言行一致、術德兼修、文武兼備的高尚素養，是後人難以企及的學習楷模。柏拉圖誠在人類發展史上，寫下了難以磨滅的篇章，非常值得向他致敬與學習。

# 3

# 亞里斯多德　博學多才的哲學家

## 一、前言

　　亞里斯多德（Aristotle, 384-322 B.C.）是蘇格拉底的弟子柏拉圖的學生、亞歷山大大帝的老師。蘇格拉底、柏拉圖、亞里斯多德係希臘三哲，他們一起被譽為西方哲學的奠基者。三者之中，亞里斯多德是一位博學多才的哲學家，除了哲學之外，他在政治學、經濟學、邏輯學、詩歌、音樂、生物學、物理學等學科，皆有開創性的著作。此外，他所創辦的「學園」（Lyceum）在教學及研究上，亦有卓越的成就，很值得加以介紹。是故，先略述其生平事略，再說明其教育思想，最後再闡述其生平事蹟與學說對教師專業與教學輔導教師制度的啟示。

## 二、生平簡述

　　依據田士章與余紀元（1991）、李文奎（1995）、趙雅博（1998）的論述，亞里斯多德的生平可以簡述如下：

### （一）出生優渥，少年失恃失怙

　　亞里斯多德於公元前 384 年誕生於愛琴海北部的一個小鎮斯達吉拉（Stagira）。亞里斯多德自幼便失去了嚴父慈母，父親的名字是尼高馬克斯（Nicomachus），是馬其頓國王阿敏達三世（Amyntas III）的御醫，名聞遐邇。由於父親職業的緣故，亞里斯多德自小對醫學耳濡目染，並對生物學、解剖學有興趣，可說是啟蒙相當早的孩

子。

　　由於父母親早逝，亞里斯多德由姊姊阿里木奈斯（Arimneste）和姊夫普洛賽克諾斯（Proxenus）做他的監護人。他們撫養亞里斯多德長大成人，並對他進行用心的培養和教育，所以亞里斯多德的早期教育是相當成功的。

　　復由於父親係阿敏達三世的御醫和朋友，亞里斯多德幼年便曾在馬其頓珀拉宮生活過一段時間，與阿敏達三世的兒子菲力浦二世（Philip II）一同相處玩耍，友情甚篤。

## （二）從學柏拉圖，接受學院的深造

　　公元前357年，17歲的亞里斯多德讀了《柏拉圖對話錄》之後，深為它們的魅力所吸引，便告別了撫養自己成人的姊姊和姊夫，千里負笈，到了希臘的政治與文化中心雅典，求學於柏拉圖所創設的學院。從公元前367年直到公元前347年柏拉圖逝世，亞里斯多德追隨柏拉圖長達20年之久，在學問上與時俱進。

　　亞里斯多德在學院的學習內容，由於柏拉圖的講演和討論稿並不公開，而且學院沒有教學大綱和課程表留傳下來，所以很難加以確定，不過可以從柏拉圖對於學院的教學規劃推算應該是除了以哲學為主之外，還有各種輔助的科學，如各門數學（即算術、平面幾何、立體幾何）、天文學、自然學科、和聲學，以及辯證法等。

　　在學院的學習過程中，柏拉圖對亞里斯多德這位個子瘦高、頭腦清晰、思維敏銳、擅長談吐、喜好爭辯的學生所表現的才華，深深讚賞。亞里斯多德勤奮好學，孜孜不倦，才華橫溢，深得同學們的

尊敬和老師們的欣賞。柏拉圖把亞里斯多德稱作是學院的「努斯」（nous，具有心靈、精神、核心、理智等意涵），並把亞里斯多德的住處題為「讀書人之屋」（The House of the Reader），後來亞里斯多德又被提升為學院的教師，講授修辭學。

## （三）吾愛吾師，吾更愛真理

20 年的朝夕相處使得柏拉圖與亞里斯多德在師生情誼上，與日俱增。這種師生關係，就如同蘇格拉底與柏拉圖的關係一樣。亞里斯多德衷心敬仰和愛戴自己的老師。柏拉圖逝世後，他寫了下述一首動人的悼詞來紀念亡師，而這首悼詞充分表現了亞里斯多德「吾愛吾師」的深情（田士章、余紀元，1991-69）：

> 巍巍盛德，莫之能名；光風霽月，涵育貞明。有誦其文，有瞻其行；樂此盛世，善以繕生。

亞里斯多德雖然深愛他的老師和同學，但是他更愛真理。當他發現自己的觀點與老師或同學不同時，他會據理力爭，並且毫不客氣地加以批判。這種追求真理的精神，可以從亞里斯多德寫給他兒子倫理學中的一段話，充分顯示出來（趙雅博，1998-482）：

> 無可懷疑，我們更喜歡對一般的善加以考察，並注意知道它是何在的問題。不錯，這樣的研討是困難的。應該為了挽救真理，犧牲我們個人的意見，我們對朋友與真理皆愛；然而

真理則超越情理。

## （四）被迫離開學院，到外地遊學

公元前 347 年，柏拉圖逝世。他的侄兒斯彪西波（Speusippus）繼任院長。亞里斯多德和其同學克塞諾克拉底（Xenocrates）離開雅典，接受學院的另一個同學—僭主赫爾米亞斯（Hermias）的邀請到北部小亞細亞地區的阿它爾紐斯城（Atarneus）安身。

亞里斯多德之所以被迫離開雅典，其原因眾說紛紜。一說是因為亞里斯多德不是雅典居民，沒有購置地產與房屋的權利，而斯彪西波則是合法的繼承人；另一說是因為亞里斯多德不滿斯彪西波等人把哲學變成數學的學術傾向，係因為觀念不合而出走；再一說最有說服力，那就是當時的政治形勢所迫。

公元前 348 年，馬其頓國王菲力浦二世摧毀了奧林蘇斯城（Olynthus，雅典的盟友）和察爾基季基半島（the peninsula of Chalkidiki）上的其他定居點，包括亞里斯多德的故鄉斯達吉拉；由於雅典人反馬其頓的情緒高漲，與馬其頓王室淵遠頗深的亞里斯多德，被視為親馬其頓分子而成為被攻擊的對象。這樣，亞里斯多德只好收拾行囊，離開了生活了 20 年的雅典城。

公元前 346 年，亞里斯多德與赫米亞爾斯的養女皮提亞斯（Pythias）結婚。她給他生了一個女兒，起名叫皮提亞斯。這個妻子早逝，以至於亞里斯多德後來又與赫庇利斯（Herpyllis）同居，並生下一子名叫尼各馬可（Nicomachus）。亞里斯多德《尼各馬可倫

理學》（*Nicomachean Ethics*）一書，便由其子後來加以修訂整理而得名。

公元前 345 年，亞里斯多德與他的最親密的朋友兼助手西奧弗拉斯托斯（Theophrastus）一起前往萊斯博斯島（the Island of Lesbos），在那裡他們一起研究了該島及其受保護的潟湖的植物學和動物學，成就了卷帙浩繁的書卷。

## （五）身為帝王師，開創學園

公元前 343 年，亞里斯多德應馬其頓國王菲力浦二世的邀請，成為其子——未來的君主亞歷山大大帝（Alexander the Great, 356-323 B.C.）的家庭教師。亞里斯多德被任命為馬其頓皇家學院院長。亞里斯多德在馬其頓宮廷期間，他不僅給亞歷山大上課，還給另外兩位未來的國王上課：托勒密（Ptolemy）和卡山德（Cassander）。

相對於其師柏拉圖想要培養狄奧尼修二世（Dionysios II）成為哲學家皇帝的努力並不成功，亞里斯多德對亞歷山大的教育則較為順利。亞里斯多德並不企求培養出哲學家皇帝，而是想培養亞歷山大具有英雄般的人格。他改編了一部分的荷馬史詩，讓亞歷山大向英雄學習。

亞里斯多德鼓勵亞歷山大征服東方。公元前 334 年，亞歷山大向波斯統治的小亞細亞地區發起進攻，開始長達 10 年的亞歷山大東征。亞歷山大在一連串的決定性戰役擊敗波斯，並推翻波斯皇帝大流士三世（Darius III, 380-330 B.C.），征服整個波斯帝國，使得他帝國的疆土從亞得里亞海直至印度邊界。

在亞歷山大東征之前，在公元前 335 年，他先揮師南下，統一了整個希臘。在亞歷山大的支持和贊助下，亞里斯多德與其學生西奧弗拉斯托斯一起重返雅典。他們在雅典城近郊，一個叫李克昂（Lyceum）的運動場創建了學園。

在學園裡，亞里斯多德通常都是在與學生們邊散步邊討論中，完成他的教學，說明他的思想。因此，人們稱他們為「逍遙學派」（Peripatetic school）。亞里斯多德通常在上午，純為他的入室弟子，討論深奧的邏輯、物理學和形上學等學理，這是祕傳的；在下午則是對大眾的教學，討論的是較簡易的問題，比如修辭學等。亞里斯多德在這所學園任教了 12 年之久，這是他人生的鼎盛期。在這段期間，他寫下了主要的哲學、倫理學、政治學、物理學著作，而這些著作中有許多是和他門下弟子合力研究完成的。

## （六）受政治迫害，鬱鬱而終

公元前 323 年，橫戈馬上、東征西討的一代霸主亞歷山大大帝在巴比倫猝然病死。亞歷山大死後，念念不忘民主與自治的雅典人民，舉城歡騰。他們立即召開公民大會宣布獨立，雅典的反馬其頓情緒重新燃起，致使亞里斯多德又陷入絕境。

公元前 322 年，德莫菲勒斯（Demophilus）和教皇歐律墨多（Eurymedon the Hierophant）以譴責亞里斯多德「奉承僭主，不敬神明」的罪名，向公審法庭提出指控。亞里斯多德面臨這種情勢，預感其師祖蘇格拉底的悲劇命運會重現在自己的身上。為了自己的生命安全，另為了不使雅典人第二次犯罪（第一次即對蘇格拉底的審判和

處決），他把學園的事務交給西奧弗拉斯托斯，揮淚離開了自己一手創辦的學園。

亞里斯多德逃到他母親在優卑亞島查爾基斯（Chalkis, on Euboea）的家族莊園，棲身在他母親所留下的老屋中，終日鬱鬱寡歡，遂於公元前 322 年在查爾基斯病逝，享年 63 歲。

## 三、教育學說

林玉体（1995）指出亞里斯多德認為人是理性的動物，具有求知識的本性，都有求知的慾望，都朝向善的方向發展，可見教育的重要性。

李文奎（1995）指出，亞里斯多德的教育思想有下列四點：

### （一）論教育與政治的關係

教育與政治的關係緊密，係國家政權建設的基礎。經由立法來辦理教育，並讓每一個公民都皆受相同的教育，是國家重要職責。此外，教育應成為對人們進行法制教育，特別是品德教育的利器，這樣城邦才能成為最優良的城邦。

### （二）論自然的「潛能」、環境的薰陶和教育在人的發展的作用

人的自然素質、潛能、與環境的薰陶這三個因素具有相互聯繫的關係，不能把它們孤立起來觀察與研究，而是要考察三者之間的辨證關係。

## （三）年齡分期與教育

1. 從初生到 7 歲：這是學齡前教育階段，由家長負責教育。家長要給幼兒足夠的營養，使幼兒身體正常地發育成長。家長要對幼兒的遊戲要加以組織和指導，使遊戲成為幼兒對「自由民」事業的模仿。此外要透過訓練培養幼兒良好的習慣。
2. 7 歲到 14 歲：這是走入正規的集體教育階段，使兒童掌握讀、寫、算的基本知識與技能，並進行體操訓練與音樂教育。
3. 14 歲到 21 歲：經由學園的教育，發展學生理智的靈魂。

## （四）對兒童實施體、德、智、美和諧發展的教育

亞里斯多德把人的靈魂分為植物的、動物的、和理性的三個部份。把靈魂這三個部分的區分相適應，對兒童應實施體、德、智、美全面和諧發展的教育。

## 四、對教師專業的啟示

綜觀亞里斯多德的事蹟與思想，有許多值得臺灣教師學習的地方。首先，一位好老師要感恩教師的教誨，就像亞里斯多德對於柏拉圖的頌揚，可以說是到了無以復加的地步。「好老師讓人記一輩子」，誠然不假。

其次，好老師要有追求真理的精神。「吾愛吾師，吾更愛真理。」應該為了服從真理，犧牲我們個人的意見。就像亞里斯多德對

朋友與真理皆愛，然而真理與友情矛盾時，毅然選擇真理。

要追求真理，一定要做研究工作。沒有研究，無法追求教育新知以及解決教學問題。是故，老師的工作職責除教學之外，作研究是一個難以推卸的職責。唯有教學、研究、服務三者兼顧的老師，才是好老師。

中小學教師所做的研究多為行動研究（action research）。行動研究可以說是一種「為行動而研究」、「在行動中研究」、「由行動者研究」的獨特研究方法，可以解決教育問題以及增進教師專業發展，很值得教師加以採行。行動研究的種類，依研究者來區分，採行的形式主要有三種：教師個人研究、協同行動研究、全校性行動研究。行動研究並不限於教師的個人研究，隨著教師領導（teacher leadership）與專業學習社群（professional learning community, PLC）理論與實務的發展，協同行動研究愈受學界所重視。當然，學校的全體教師與行政人員本是命運共同體，當他們面臨共同性的問題，則可以針對全校性的問題，實施全校性的行動研究，以促進學校革新與發展。

在教育原則上，要保握「有教無類」和「因材施教」兩大原則。在有教無類上，每一個學童都有皆受相同教育的機會；在因材施教上，要針對學生的自然素質和潛能，施予合宜的教育，就像亞里斯多德對亞歷山大的教育一樣，亞里斯多德並不企求培養出哲學家皇帝，而是想培養亞歷山大具有英雄般的人格，而造就一代的霸業。

在教育內容上，教師教給學生的，應該是德、智、體、群、美和諧發展的教育，也就是全人的教育。在智育上，應是一種博雅教育，

而不應只是讀寫算等基本能力的培養。此外，德育在全人教育中更有其重要性，因爲唯有良好的道德教育才能培養出術德兼修的好國民。

在教學策略上，首重學習環境的營造，誠如亞里斯多德所主張的「人的自然素質、潛能、與環境的薰陶這三個因素具有相互聯繫的關係」，唯有良好的學習環境，才能在潛移默化中，充分發展學生的素質與潛能，所謂「境教」或者「近朱者赤，近墨者黑」便是這個道理。

其次，要培養良好的師生關係。就像柏拉圖對亞里斯多德所表現的才華，深深讚賞，亞里斯多德則報以對恩師的敬仰，這種良好的師生關係是學習成功的基礎。沒有良好的師生關係，學習是很難順利進行的。而要營造良好的師生關係，則要對學生的處境，加以同情和理解；對學生的見解，適度地加以尊重和採納；對學生的才華，深深地欣賞與鼓勵。

最後，在教學方法上，不宜侷限於課堂的講解與討論，像亞里斯多德那樣，與學生們在學園中邊散步邊討論中，也是一個很好的教學方法。總之，在教學上，並無一個特別有效的方法，能夠依人、依情境的需求，選擇和採用多樣的教學方法，才能達成因材施教的目的。

## 五、對教學輔導教師制度的啟示

亞里斯多德的生平事略及學說對於教學輔導教師制度有許多參考的價值。首先，教學輔導教師要與夥伴教師建立信任關係。唯有在信任關係的基礎上，教學輔導才能順利進行。要與夥伴教師建立信任關係，首在關懷夥伴教師，然後儘量抽出時間，與夥伴教師在一起進行

正式與非正式活動，讓夥伴教師充分感受到教學輔導教師的善意。

其次要「因才施『導』」，亦即，在尊重夥伴教師的個別差異下，採用不同的輔導方式，這是因為每位夥伴教師的動機與能力等皆有所不同，因此教學輔導教師應該針對不同發展階段的夥伴教師，採行不同的輔導行為或風格，如此才能增進夥伴教師的教學成效，並且引導夥伴教師在教學專業上賡續地發展與成長。

要因才施導，則教學輔導方式勢必要多元化，才能滿足每位夥伴教師的不同需求。例如，有些夥伴教師喜歡個別輔導，有些夥伴教師則較願意參與團體輔導；有些夥伴老師喜歡面對面的互動，有些夥伴教師則較習慣電子化的輔導方式。是故，教學輔導教師要熟稔各輔導方式，才能得心應手。

最後，就像亞里斯多德的許多著作是和他門下的弟子們合力研究完成的，所以教學輔導教師不但可以自己做研究，更能以協同合作的方式，帶領夥伴教師做「協同行動研究」。教學輔導教師如果能這樣做，不但夥伴教師所關注的問題可以解決了，而教學輔導教師與夥伴教師的信任關係更可以進一步加以鞏固。

## 六、結語

亞里斯多德與其師柏拉圖一樣，對於西方哲學與文化的影響十分巨大。他建立了一個百科全書式的思想體系。他係西方第一個以科學的方法闡釋了各學科的對象、簡史和基本概念，並對混沌一團的科學加以分門別類；他奠定了哲學史上經驗主義的基本原則，並在自然科

學、邏輯學等均有不凡的成就。他所開創的學園，賡續了其師柏拉圖的辦學理想與內涵，對於促進了西方大學與研究院的發展有所貢獻。這位終身布衣，孜孜於筆耕的哲學家、教育家，他的著作和成就不但是他個人的歷史，而且在人類文明發展史上，立下一個讓世人難以磨滅的里程碑。

# 4

# 康米紐斯  顛沛流離的理想主義者

## 一、前言

　　康米紐斯（John Amos Comenius, 1592-1670）處在一個戰亂的年代，兩度家破人亡、長期流亡海外，但他不怨天尤人，憑著教育與信仰的力量，活出精彩與正向的人生。他豐富的教育實務經驗以及傑出的教育經典著作，啟迪著一代代的學者和老師們，一同走向教育的理想之路。其人、其事、其思想很值得加以介紹，是故，先略述其生平事略，再說明其教育思想，最後再闡述其生平事蹟與學說對教師專業與教學輔導教師制度的啟示。

## 二、生平簡述

　　依據田戰省（2011）、劉幸枝（2010）的論述，康米紐斯的生平可以簡述如下：

### （一）在不幸的童年中成長

　　康米紐斯在 1592 年生於捷克摩拉維亞的一個小磨坊主的家庭，父親篤信基督新教，係「捷克兄弟會」的一員。不幸的是，在康米紐斯 12 歲時，父母雙亡，兩個姐姐也先後離世，康米紐斯頓時成為無依無靠的孤兒，幸賴講互助、重教育的「捷克兄弟會」收留，康米紐斯得以存活下來，並接受良好的教育。後來，正是因為兄弟會的這種互助互愛精神，蘊育了康米紐斯既堅毅又善良的品格。

　　在「捷克兄弟會」的資助下，康米紐斯很幸運的在 16 歲時，進

入因文藝復興運動所建立的一所拉丁文法學校就讀，雖然康米紐斯因求學較晚而在年紀上比同學們大幾歲，但由於心智與理解能力的成熟，加上求知若渴、刻苦勤學的毅力，康米紐斯成績表現十分優秀，引起「捷克兄弟會」的主教拉涅修斯（Lanecius）的注意和欣賞。拉涅修斯主教除了支持康米紐斯繼續完成大學學位外，亦賜給康米紐斯一個中間名字——Amos，意思就是「愛」。

## （二）教師、牧師的「雙師」生涯

康米紐斯在 1611 年就讀德國赫爾本大學（University of Herborn），主修哲學和神學。1613 年，為擴大視野，轉到海德堡大學（Heidelberg University）就學。1614 年，以無比感恩的心情，展開千里徒步返鄉服務的旅程，矢志一方面獻身教育，另方面準備從事信仰傳播的工作。

1614 年，康米紐斯時年 22 歲，回到母校普雷洛夫拉丁文學校擔任拉丁文教師。初為人師，他即展露唱作俱佳的教學天賦。他摒棄當時教學界所普遍採用的背誦式教學以及體罰的傳統，改採結合生活經驗、按部就班、活潑生動的教學方法，不但能引起學生學習動機，也能在師生愉悅互動中，顯著提升學生的語言能力。

為了簡化傳統繁雜的拉丁文法，並讓學生能學以致用，康米紐斯非常用心地編寫上課講義，並將這些講義於 1616 年出版生平第一本教育專著《簡明文法規則》（*Simple Grammatical Rules*）。同年被按立為牧師，開始既是教師又是牧師的「雙師」生涯。

## （三）屢受戰爭摧殘 —— 顛沛流離的日子

康米紐斯在 1618 年與市長千金瑪達蕾娜結婚，育有兩子。同年轉調富內克中學任職校長，並擔任教區牧師。就在康米紐斯辦學順利、傳道有成、家庭幸福美滿之際，捷克爆發了反對神聖羅馬帝國的起義，並引燃了新舊教衝突的「三十年戰爭」（The Thirty Years' War, 1618-1648）。此一戰爭帶給了康米紐斯晴天霹靂的一擊，迫使他走向流亡逃難的日子。

事情的發生經過是這樣子的，捷克古稱「波西米亞」，人民多信仰新教（基督教），但長期以來受信仰舊教（天主教）的神聖羅馬帝國所統治。公元 1618 年 5 月，幾名信仰新教的波西米亞貴族衝進布拉格宮，把兩名神聖羅馬帝國的特使丟出宮外山崖，並宣布武裝起義成立臨時政府。康米紐斯雖然素來反對戰爭，但基於民族獨立以及信仰因素，他選擇支持臨時政府。無奈此一十分自然的選擇，卻使他大禍臨頭。

1621 年，天主教同盟成員之一的西班牙軍隊攻占了富內克，並殘忍地放火屠城。雖然康米紐斯全家倖免於難，但所經營的學校、3 年來努力建立的圖書館以及多年的手稿均毀於烽火。復由於是頭號通緝犯之一，只好隻身逃入拉摩維亞山林避禍。1622 年，緊隨戰爭後的瘟疫又奪走康米紐斯的妻子和兩個兒子。在遭逢人生第二次家破人亡之大不幸，康米紐斯在痛不欲生的情況下，遂寫下了《世界迷宮與心靈樂園》（*The Labyrinth of the World and the Paradise of the Heart*）之不朽篇章。此書寓意著世人處於貪婪不義、弱肉強食的世

界迷宮中，唯有藉由信仰的光才能走出迷宮，重拾一處寧靜的綠州。

## （四）語文教科書之父

1628 年，康米紐斯被迫離開拉摩維亞故土，逃亡到波蘭的萊茲諾，任萊茲諾中學教師與教區牧師，但從此未能踏回故土，成了康米紐斯終身的遺憾。

康米紐斯雖流亡海外，但在教育事業上卻卓然有成。為了改善傳統的拉丁文教學方式，康米紐斯採捷克文與拉丁文雙語對照，以小型百科全書的方式，羅列常用的拉丁文字以及實用句子，1631 年著作成為在全歐空前轟動的《入門》一書，隨後復又出版濃縮精簡版的《探索》，以及進階版的《堂奧》和《寶庫》等三本書，這一套系列叢書，內容由淺入深，由簡及繁，有廣度亦有深度，為當代教科書的典範之作。

## （五）教學內容與方法的改善

1632 年，康米紐斯以捷克語出版了他的教育學鉅著《母育學校》（*Mother School*）和《大教學論》（*Great Didactic*）。《母育學校》係幼兒學前教育的開創性作品，深深影響其後幼兒教育學者福祿貝爾（Friedrich Froebel, 1782-1852）和蒙特梭利（Maria Montessori, 1870-1952）的思想。

《大教學論》倡導泛智教育，認為身為萬物之靈的人類，人人皆應有接受教育的機會，而在學校裡宜接受全人通識教育，這樣才能不但具有廣博的知識，且有美好的道德和虔誠的信仰。在教學方法上，

則採具時代前沿的「感官唯實教學」和「自然教學」。他認為教師應提供給學生的，不僅是物體的影像，而是以具體物本身為最佳，而透過實物觀察，才能增加學童的感官印象和豐富的想像力。教學內容最好從大自然中取材，透過「明確」、「具體」、「簡易」三大教學原則來取代傳統死背強記的填鴨式教育。

## （六）現代學校教育體制的建構

康米紐斯不止在教學內容和教學方法上有劃時代的貢獻，在學校教育體制的建構上亦有卓越的創見。他根據學生身心發展的自然程序，設計了六年為一階段的四個教育階段，可以說是現代學校教育的雛型：(1) 母育學校，由母親教導出生至 6 歲的兒童，此時母親即教師，家庭即學校，強調知識百科的生活教育；(2) 國語學校：設立於每一村鎮中，7-12 歲的兒童，不分階級、性別、種族，全民入學，一律接受以地方語言為主的教學，內容強調實用以及廣博的知識和技能；(3) 拉丁學校：設立於每一城市中，收容 13-18 歲的學生，培養學生學習文法、修辭、辯證、算術、幾何、天文、音樂等「七藝」；(4) 大學：設於國都，教育 19-24 歲的學生，係為政府或教會培養菁英人才所提供的高等教育學府，學生除博通各種學科之外，還應專精於一個學科，所謂「為學要如金字塔，要能博大要能高」，便是這個道理。

## （七）美麗的兒童插圖書 —— 世界圖解

1641 年，康米紐斯應邀訪問英國倫敦，推廣泛智教育。1642-

1646 年，爲了使瑞典政府支持捷克復國運動以及支助捷克兄弟會，康米紐斯委屈求全地爲瑞典政府編寫拉丁文教科書和字典。1648年，三十年戰爭結束，由於國際政治現實，康米紐斯滿心寄望瑞典政府幫助自己國家獨立的願望並未能實現。絕望之餘，康米紐斯回到波蘭，被推選爲捷克兄弟會的總主教，除了繼續既往的教育與信仰傳播事業外，亦幫助匈牙利辦理泛智學校。

1657 年康米紐斯出版了享譽國際的語言教學課本《世界圖解》（*World Illustrated*），係教育史上第一本有圖畫的教科書，風行歐美多達兩個世紀，深受教師、學童及家長所喜愛。本書被翻譯成英文、法文、西班牙文、阿拉伯文、俄文等數十種語文，由於內容充實、文字簡練、圖文並茂，係 19 世紀以前，世界各國所通用的語言學習讀本。

## （八）倡導世界和平

不幸的，由於瑞典與波蘭的戰爭，康米紐斯在 1656 年遭受第三次橫禍。由於波蘭國王約翰二世（John II, 1609-1672）懷疑捷克兄弟會暗中支持瑞典，乃焚毀萊茲諾城並通緝康米紐斯，康米紐斯被迫流亡荷蘭阿姆斯特丹，過著第二度流亡的生活。

望著遙不可及的歸鄉路，康米紐斯有無限的失望和茫然，但是歲月的風霜和信仰的正向力量，引導康米紐斯放下了復國建國的執著，轉而以餘生之力倡導世界和平。康米紐斯憂患的一生，扮演了學子的教師、信徒的牧者，這時他受上帝感召，要成爲忠告世界的導師。1667 年他出版《和平天使》（*The Angel of Peace*），1668 年出版《促

進人類福祉的總建議》（*General Consultation about the Improvement of Human Affairs*），書中建議世界各國領袖召開國際會議，處理國際糾紛；成立國際組織，提升科學與文化教育；設立國際法庭，解決國際間諸多的宗教、種族爭端。1669 年完成一生中的最後一本重要著作《不可少的一件事》（*The One Thing Necessary*）──亦即回歸救主耶穌基督的懷抱。

## （九）身後的哀榮

1678 年康米紐斯在阿姆斯特丹去世，享年 78 歲。他的復國理想，一直要到第一次世界大戰後才能真正實現，但是他對教育界的影響力卻歷久彌堅。1992 年聯合國教科文組織以康米紐斯為名，頒發勳章獎勵世界各國教育改革有功人士。1995 年，歐盟推出為期 12 年的教改方案，其中一套方案命名為康米紐斯計畫（Comenius Plan），用以幫助歐洲各國偏遠地區的學童，不但能平等接受優質教育，而且透過語言與文化的交流，成為具有國際視野的公民。

## 三、教育學說

許智偉（2012）指出，康米紐斯提倡泛智主義（pansophism）教育，其要點有四：

其一，教育目標乃是改善人性，以發展出完全知識，完善的道德以及虔誠的態度，與神相配、被神所用，而重建以基督為元首的宇宙秩序。

其二，在學校制度上分爲母育學校、國語學校、拉丁學校、大學等四種學校系統，其內涵如前所述。

其三，在教學方法上要向大自然學習，進行自然的陶冶，其具體原則有六：(1) 及早在心靈被汙染前就開始；(2) 從普遍到特殊；(3) 從簡易到困難；(4) 不要被過多的教材所困住；(5) 按照各人的年齡與適合的方法來施教；(6) 應用具體事物，透過感官經驗的直覺來教學。

其四，在人格輔導上，積極上，要在學童年輕時即培養各種美德，包括智慧、節制、堅定與正直。消極上，反對體罰而只保留理性而溫和的懲罰。

## 四、對教師專業的啟示

綜觀康米紐斯的一生，有許多值得國內教師們學習的地方：

第一，康米紐斯能將不幸遭遇轉換成爲成長奮鬥的力量。盱衡康米紐斯的一生，正應驗了《孟子》一書中所說的：「故天將降大任於斯人也，必先苦其心志，勞其筋骨，餓其體膚，空乏其身，行拂亂其所爲，所以動心忍性，曾益其所不能。」康米紐斯歷經兩度家破人亡、長期的流亡海外，遭遇了人世間的無比苦難，他是最有資格向這個不公義的社會控訴的，但是他從不怨天尤人，總是能在絕望之餘，化悲憤爲力量，而在教育界有了無與倫比的成就，這是非常非常值得吾人學習的地方。

第二，康米紐斯相信教育的力量。康米紐斯之所以選擇教育工作，固然一方面是要回饋捷克兄弟會對他的栽培，但更重要的是，他

相信「知識就是力量」，藉著教育活動，他相信可以改造這個不公義的社會。教育人群乃成為他終生的志業，即使在顛沛流離間，他也樂此不疲。同樣的，每一位立志於教職的我們，若能莫忘初衷，當能盡心竭力，出類拔萃。

第三，康米紐斯具有強烈平民教育的思想。在 17 世紀的歐洲社會，教育機會並未普及至平民大眾，康米紐斯在當時就能倡導不分階級、性別、種族、身分、貧富，一律接受國語學校教育，是相當有遠見的。同樣的，如果現代的教師們願意投入偏鄉，或者對於貧窮學生、少數族裔學生、文化不利學生、行為偏差學生都能「有教無類」，進而「因材施教」，那麼至聖先師孔子的兩大教育原則便可充分實現。

第四，康米紐斯具有研發教材的卓越能力與表現。康米紐斯為了提供給學子有用的教材，自行研發了無數拉丁文教材或講義，這些教材或講義，後經改寫為拉丁文教科書，乃成為語文教科書經典之作。同樣的，作為現代的教師，我們不宜過度依賴坊間的教科書，而要有依學生學習的需求自編教材或講義的能力，自編教材應是現代教師的基本功，萬不可自廢武功。

第五，康米紐斯不斷在教學方法上尋求突破。康米紐斯處於拉丁文教學強調死記硬背的填鴨式教育年代，對於這種「教死書，死教書」的方式十分不滿意，因而在教學內容上提倡以大自然為教材的「活教材」，在教學方法上則採具體、活潑、生動、簡明的感官唯實教學和自然教學法。同樣的，我國的教師們若能在既有的教學基礎上，根據學生不同的學習樣貌，適時適度應用「有效教學」、「活化

教學」、「差異化教學」、「分組合作學習」、「學習共同體」、「翻轉教學」、「素養導向教學」等教學創新策略，便是具有與時俱進精神的專業教師。

第六，要注重對學生的人格輔導，而且要及早開始，培養學生有智慧、能節制、常堅毅與守正直等美德。德育的方法要積極輔導，採用合理溫和的懲罰，避免體罰。

最後，康米紐斯係國際教育的先驅。康米紐斯不但反對戰爭，更深知世界各國公民彼此相互理解與學習的重要性，他自己也為泛智教育的國際化以及國際教育組織的催生不遺餘力，可說是一位國際教育的使徒。同樣的，國內的學校若能以城鄉交流為始，逐步推廣到與世界各國的交流，當可培養學生成為具有國際視野的世界公民。

## 五、對教學輔導教師制度的啟示

康米紐斯的言行思想亦對臺灣的教學輔導教師制度有諸多的啟示。首先，吾人要有康米紐斯般的信心和毅力，相信教學輔導教師制度是當代教育發展趨勢之一，它對於初任教師的導入輔導、一般教師的專業成長、以及教學困難教師的介入輔導可以發揮功能。此一立意良善的制度在歐美先進國家早已法制化，成為學校運作的一部分，而在我國卻仍處於少數學校、少數教師自願推動的情況，實在離理想還很遙遠。這不但顯現了我國教育行政機關的不作為、教師文化的保守封閉，亦顯現了在國內推動教育革新與發展之不易，但也是因為改革推動之不易，更考驗推動者的耐心和毅力。吾人堅信此一教師專業化

的時代需求永遠不會磨滅，而教學輔導教師制度總有一天會完成法制化和普及化。

有機會擔任教學輔導教師的資深優良教師們亦要認同教學輔導教師不僅僅是個「職稱」，它還是一個「助人的專業」、是一個「貴人啟導的歷程」，更是教師們「薪火相傳」的管道，而要有長期耕耘的毅力和努力。立下助人的宏願是第一步，有了理想的目標，推動過程中還要有策略、有柔性的堅持。「要怎麼收穫，先怎麼栽」，時日一久，自然會產出顯著的成果，而有「己立立人，己達達人」滿滿的喜悅。

為了達成教學輔導的工作目標，教學輔導教師除了要有助人的專業素養，並且在方法與技術上力求突破。例如：在教學觀察與回饋上，新的觀察模式和技術有待開發和運用；在會談技術上，新的教練技巧有待學習。「工欲善其事，必先利其器」，教學輔導教師唯有多多充實自己，累積自己的教學輔導素養與技術，才能隨心所欲，在各種不同的輔導情境中，善加運用。

在輔導方法上，要：(1) 及早介入，惟介入前，宜先和夥伴教師建立合作信任的關係；(2) 要充分了解夥伴教師的需求，採用適合的方法來實施輔導；(3) 從簡單易學的開始，再逐漸增加難度；(4) 一次不要實施過多的輔導內容；(5) 儘量針對具體的教學策略，幫助夥伴教師透過現場教學的觀摩來學習。

此外，教學輔導教師制度的國際交流也是很重要的。因為教學輔導教師制度已是一個國際化的制度，我國教育學術機構實有必要與歐美先進國家進行有關教學輔導教師制度的學術交流。此外，教育行政

機關亦有必要資助表現優秀的教學輔導教師至國外考察與學習，學成之後可以學習他國長處，加速我國教學輔導教師制度的發展。

最後，從康米紐斯顛沛流離、挫折不斷的一生中，啟示我們信仰的重要。有了一個正向的信仰，會讓我們在挫折與困頓中，獲得安慰、獲得療癒，從而有了再起的正向力量。此外，透過正向的信仰，也會讓我們有服務眾生的抱負和理想，就好像菩薩普渡眾生或者耶穌基督救贖世人一樣，這種「我為人人，人人為我」的服務領導（servant leadership）精神，是非常值得在國內教育界倡導、推動的。

## 六、結語

康米紐斯說：「假我數年來指導教育活動，我就要改造世界。」這樣的雄心壯志，也許是我們難以做到的，但是康米紐斯在不幸的人生際遇中，仍有那樣的信心、毅力和勇氣，以及那種在逆境中不屈不撓的精神和表現，確實是我們每一個為人師表者學習的好榜樣。

# 5

## 洛克 經驗主義大師

## 一、前言

　　約翰・洛克〔John Locke, 1632-1704〕是 17 世紀英國哲學家。他在哲學、教育、政治、宗教等領域的論述，皆有卓越的成就。他的天賦人權說，深深影響當今世界各國的政治發展。他的宗教容忍說，有助於世界各宗教的和諧相處。他以「經驗」〔experience〕作爲知識的起源，不但推進了西洋哲學史上「經驗主義」〔Empiricism〕的崛起，而且在教育上有其時代的意義，非常值得加以介紹。是故，先略述其生平事略，再說明其教育思想，最後再闡述其生平事蹟與學說對教師專業與教學輔導教師制度的啟示。

## 二、生平簡述

　　依據林玉体〔1995〕、江宜樺〔1999〕、李文奎〔1995〕、許智偉〔2012〕、O'Connor〔1979〕、Dunn〔1990〕、Stanford Encyclopedia of Philosophy〔2023〕、Internet Encyclopedia of Philosophy〔2023〕、Britannica〔2023〕的論述，洛克的生平可以簡述如下：

### （一）出身中產階級，勤樸家風的薰陶

　　洛克於 1632 年出生在英格蘭西南部桑莫塞郡〔Somerset〕的一個小村莊。他的父親也叫約翰，是一名律師。1640 年英王查理一世〔Charles I〕爲開徵新稅而召開國會，國會提出「大諫章」〔Grand

Remonstrance），與英王發生衝突。1642 年英國爆發內戰，其父在英國內戰期間為議會軍隊服務。他的家庭是富裕的，但不是特別高的社經地位。洛克在英格蘭西部鄉村度過了他的童年，15 歲時被送到倫敦的「西敏寺公學」（Westminster School）就學。

洛克的家庭是一個清教徒家庭，過著清教徒式的生活。洛克從小就養成勤勉樸素的習慣，主張對人與對其他教派的寬容。洛克是長子，兄弟有三人，但大弟出生就夭折，二弟在 1663 年就英年早逝，二弟過世時，雙親也不在人世了；洛克遂孤家寡人一個，終生不婚，並謹守清教徒的戒律。父親留給他的形象，是「又敬又愛」（respect and affection），這種父親形像，深深影響他的教育觀念，認為「又敬又愛」的師生關係，才是良好的師生關係。

## （二）幸遇貴人，就讀英國公學

進入「公學」（public school）讀書是當時貴族子弟的時尚。洛克出身並非貴族，但因其父在戰時的指揮官亞歷山大・波帕姆（Alexander Popham, 1605-1669）係當地的議員，正是由於波帕姆的贊助，才讓年輕的洛克獲得了良好的教育。洛克於 1647 年，註冊於當時最負盛名的九大公學之一的倫敦「西敏寺公學」。

惟洛克對於西敏寺公學的課程與住宿生活並不滿意，雖然他還是一位品學兼優的好學生。西敏寺公學的課程以拉丁語、希臘語、希伯來語、阿拉伯語、數學和地理為主，比較缺乏洛克喜歡的自然科學。在教育方法上，該校校長布斯比（Richard Busby, 1605-1695）久居其位，長達 57 年（1638-1695），教導相當嚴厲，雖頗有教學才華，

在升學率上成績卓著，但是愛用體罰，鞭子是他的代名詞，不少學生聞風喪膽，以致有學生回憶說：「我們的師傅常常鞭打學生，鞭打好久，終於使學生成為長期的白痴。」（林玉体，1995-292-293）。1650 年，洛克被選為國王學者，這一學術榮譽和經濟利益使他能夠購買許多書籍，主要是希臘語和拉丁語的經典著作。

另對於枯燥乏味及呆板的學校生活，每天清晨五時十五分即需起床，睡前也少有休息，洛克覺得不滿意，而不喜歡上學。在後來的日子裡中，他曾著文批評寄宿學校過分強調體罰、刻板單調的生活以及學生在校中所表現的不文明行為。在他的著作《教育漫談》（*Some Thoughts Concerning Education*, 1693）中，他主張私人家庭教師對於年輕紳士的教育有其優越性。

## （三）就讀牛津大學，廣博的學習

西敏寺公學畢業後，1652 年秋天，20 歲的洛克，由於「聰慧、努力、品德及無缺費用」的原因，幸獲錄取牛津大學（University of Oxford），就讀於基督教會學院（Christ Church）。就像西敏寺公學是最重要的英國學校之一，牛津大學係英國最重要的大學之一。能夠就讀牛津大學，無疑是國家的菁英分子。

惟洛克對牛津大學的教育並不滿意。牛津大學所注重的「亞里斯多德哲學」（Aristotelian philosophy），被洛克認為是那些在上課時沈迷於晦澀曖昧的名詞以及毫無實用價值的爭論。所幸，在牛津，「實驗哲學」（experimental philosophy）已悄然到來。當時，「護國公」（Lord Protector）奧立佛·克倫威爾（Oliver Cromwell,

1599-1658）的姐夫約翰‧威爾金斯主教（John Wilkins, 1614-1672）成為了牛津大學沃德姆學院（Wadham College）的院長，以威爾金斯為核心的知識分子，是後來成為「英國皇家學會」（English Royal Society）的重要組成分子。該團體將其目標設定與主導大學的經院／亞里斯多德傳統形成對比。該團體主要是研究自然而不是書籍。威爾金斯的許多同事都是透過觀察，而不是閱讀經典文本來研究自然科學和醫學的人士。洛克經由西敏寺公學時期所認識的一位醫生朋友理查德‧勞爾（Richard Lower, 1631-1691）的介紹下，與該團體有所接觸，醫學、自然科學以及當時開始萌芽的實驗哲學，遂成為洛克就讀牛津大學的主要學習興趣所在。

## （四）任教牛津大學，開始學者生涯

在牛津大學讀了 4 年後，洛克於 1656 年 2 月獲得了文學士學位。2 年後，1658 年 6 月，洛克獲得文學碩士學位，並被選為基督教會學院的高級學生。該級別相當於任何其他學院的院士，但不是永久性的。此時，洛克需要做出職業生涯的決定。由於基督教會學院的章程規定，應為修士或為修士而讀書的男子保留 55 名高級學生名額，而其他學門則只能持有少數 5 個名額，其中醫學 2 個，法律 2 個，道德哲學 1 個。就當時情況而言，選擇牧師生涯一般被認為是比較保險、穩健的決定，而且中等收入、生活儉樸的牧師生活也適合洛克清教徒式的生活習慣，但是自從大學畢業以來，洛克一直嚮往自然科學，也一直在學習醫學，最後，洛克乃決定學習醫學，成為一名醫生。

從 1658 年起，洛克一邊學醫，一邊在母校牛津大學任教。洛克

於 1660 年 12 月當選爲基督教會學院的希臘文講師，並於 1663 年當選爲修辭學講師。任教期間，洛克善於觀察大自然，對於學生的作業報告除認眞批改外，都會夾著許多動植物的標本，數量高達 3 千種之多，並給予這些標本英文及拉丁文學名。此外，他善於獎勵學生，認爲他們都是教養良好、勤勉又順從，是國家社會的棟樑。除了課室教學之外，他也鼓勵學生多到大廳堂和教堂學習。在大廳堂可以學會辯論；在教堂可以學會禱告和儀式，這樣便可以成爲哲學家或者是神學家。

在 1663 年的聖誕節，洛克被任命爲基督教會學院的倫理學學監，這一職位要求他監督大學本科生的學習和紀律，並進行一系列演講。根據演講的內容，洛克乃撰寫《論自然法》（*Essays on the Law of Nature*），成爲了他經驗主義哲學觀點的早期陳述，其中最重要的兩個觀點是：其一，人類行爲正確與否，必須遵循自然法則；其二，所有知識，包括道德知識，均來自經驗，而不是天生的。這些主張是他其後哲學論述的核心，無論是在政治理論還是認識論方面。

由於對於自然科學與醫學的興趣，洛克在牛津大學就讀與任教期間，廣泛接觸了新科學的一些倡導者，除了向威爾金斯主教和勞爾醫生就教之外，他還與天文學家和建築師克里斯托弗・雷恩（Christopher Wren, 1632-1723）、醫生托馬斯・威利斯（Thomas Willis, 1621-1675）、物理學家羅伯特・胡克（Robert Hooke, 1635-1703）有所往來。

更幸運的是，洛克在學習自然科學和醫學的過程中，遇到兩位良師。其一是傑出的自然科學家和神學家羅伯特・波義耳（Robert

Boyle, 1627-1691）。波義耳是洛克在科學與醫學的導師。他曾建造了一個氣泵，提出了著名的波義耳定律，並設計了一個氣壓計作為天氣的指示器。正是從波義耳那裡，洛克了解了原子論（或微粒假說），並且從波義耳的著作《形式與性質的起源》（*The Origin of Forms and Qualities*）中，洛克採用了主要性質和次要性質的語言。另外，洛克就讀了醫學化學課程（化學在醫學上的早期應用）之後，就與波義耳合作進行關於人體血液的重要醫學研究。從此以後，醫學在洛克的生活中扮演著重要的角色。

其二是醫學家西頓漢姆（Tomas Sydenham, 1624-1689），他是 *Observationes Medicae* 的作者，該書成為兩個世紀以來的標準醫學教科書，因此他被稱為英國的「希波克拉底」（Hippocrates）。他提倡必須仔細觀察疾病才能歸納出病因，拒絕訴諸傳統非科學根據的說法；他相信自然界自有治病的能力，一種病不管對人體造成多大的傷害，自然界強而力的生機，可以把生病狀態予以糾正過來。洛克曾與他一起進行醫學研究，並向他學習醫術。

## （五）接觸政治，生涯發展的劇變

1666 年，洛克在因緣際會中，透過一位醫學界的朋友大衛·托瑪斯博士（Dr. David Thomas）的引介，會見到了安東尼·艾希里·庫柏（Anthony Ashley Cooper，1621-1683，即艾希里勳爵，後來的沙夫茨伯里伯爵）。他們的會面是相當偶然的，艾希里勳爵（Lord Ashley）來到牛津，想喝那裡的礦泉水治病。他要求托瑪斯博士提供礦泉水，但托馬斯因另有要事不得不出城，便讓洛克幫忙把水送給艾

希里勳爵。由於這次相遇，兩人在政治與宗教理念上十分契合，便成爲知交，艾希里勳爵遂邀請洛克來到倫敦作爲他的私人醫生。

作爲艾希里勳爵的私人醫生，洛克利用他的醫學知能和人脈爲艾希里勳爵進行了一次成功的手術，解決了其長期胃潰瘍之沉痾。由於洛克有做觀察紀錄的習慣，這次手術也許是 17 世紀記錄最詳盡的醫療行爲。紀錄中，洛克諮詢了全國各地的名醫，以確定該手術的最佳作法是什麼，並將清乾淨潰瘍放在首位。透過這樣做，他挽救摯友的生命，從而改變了英國歷史。

作爲艾希里勳爵的家庭教師，他受託教育艾希里勳爵之子沙夫茨伯里伯爵二世（Anthony Ashley-Cooper, 2nd Earl of Shaftesbury, 1652-1699），把這位天分不佳、健康不良的孩子，教育成功，後來還成爲國會議員。洛克不但教育成功，而且也受託爲沙夫茨伯里伯爵二世找到很好的配偶，其子嗣後來成爲著名的哲學家和作家。

作爲艾希里勳爵政治上的客卿，艾希里勳爵係英王查理二世（Charles II）的重臣，是一位在當時英國政界可以呼風喚雨的顯要人物，係王室復辟期間民權派的領袖，也就是後人所稱「輝格黨」（Whig Party，即維新黨）創始人之一。他堅決主張宗教寬容、反對君權神授說。在政治立場上，他與「托利黨」（Troy Party，即王權黨）水火不容。他在 1672 年，當選國會上院議長（Lord Chancellor）並被封爲沙夫茨伯里伯爵，成爲內閣的五名成員之一。1673 年，查理二世的繼承人詹姆斯二世（James II）祕密皈依天主教的消息廣爲人知。像那個時期的許多新教徒一樣，沙夫茨伯里伯爵認爲天主教與「專制政府」密切相關：天主教儲君是對議會統治的嚴重

威脅。因此，沙夫茨伯里伯爵遂成爲強烈反對詹姆斯繼承王位的領導者之一。

由於洛克與沙夫茨伯里伯爵的親密關係，洛克的政治前途與沙夫茨伯里伯爵的命運息息相關。在沙夫茨伯里伯爵政壇得意的時候，洛克曾擔任貿易和種植園委員會（Board of Trade and Plantations）祕書，以及卡羅來納州業主上議院（Lords Proprietors of the Carolinas）祕書。作爲貿易委員會祕書，洛克爲英國政府建立從全球蒐集有關貿易和殖民地訊息的據點。作爲卡羅來納州業主上議院的祕書，洛克參與了卡羅來納州這個英國在美洲新殖民地的基本憲法之起草工作。除了貿易和殖民地問題外，洛克還協助沙夫茨伯里伯爵在其他公共政策的爭論。例如：當時英國發生了一場貨幣危機。洛克便爲沙夫茨伯里伯爵撰寫有關經濟問題的論文，包括貨幣危機的處理。

1681 年，沙夫茨伯里伯爵被控叛國罪，判決無罪。洛克與詹姆斯·特雷爾（James Tyrell）合作完成一篇論文，主張維護信仰自由，反駁英國國教派神學家斯蒂林弗利（Edward Stillingfleet, 1635-1699）的觀點。1683 年，輝格黨人企圖綁架查理二世和其繼承人詹姆斯的「黑麥房陰謀」（Rye House Plot）敗露，多名洛克友人不是被送上斷頭台，就是在監獄中自盡，沙夫茨伯里伯爵客死於荷蘭。洛克雖然沒有參與此次陰謀，但其處境卻無異於驚弓之鳥。稍後他祕密逃亡至荷蘭，才免於一死。但其在牛津教職及院士資格於翌年被英王下令取消。

## （六）流亡荷蘭，潛心著作

從 1683 年到 1688 年，洛克在海外過著流亡的生活。雖然英國政府向荷蘭政府要求將洛克引渡回國，但是並沒有成功。洛克此時已經年過半百了，深感還未能發表有影響力著作的遺憾。此時，他不再被政治分心了，故可以把主要心力放在把既有思想做系統化的整理和論述工作。也就是在這一段時間，他完成三部鉅著，就等待時機將之發表。此外，洛克在此一時期也結交了許多朋友，其中不乏摯友，他們之中有英國科學家和醫生；有英國商人；有荷蘭的神學家；有法國新政下的流亡者等。

## （七）光榮革命成功，重返祖國

詹姆斯二世於 1685 年登基，但是由於施政不得人心，疏遠了他的大部分支持者。瑪麗公主（Princess Mary，即瑪麗二世）與其夫婿奧蘭治的威廉（William of Orange，即威廉三世）受邀將一支荷蘭軍隊帶到英國。威廉的軍隊登陸後，詹姆斯二世意識到自己無法進行有效抵抗，便潛逃流亡法國。這被稱爲「1688 年的光榮革命」（Glorious Revolution of 1688），係英國歷史上的一個分水嶺，標誌著英國政府的權力平衡從國王轉移到議會。

隨著光榮革命成功，洛克於 1689 年 2 月返回英國，並一口氣發表了三部偉大的著作：《政府論兩篇》（*Two Treatises of Government*）、《論寬容書信》（*Letter Concerning Toleration*）、《人類理解論》（*An Essay Concerning Human Understanding*）。

《政府論兩篇》駁斥君權神授說，主張統治者必須出於人民的同意，以及政府旨在保障人民的權利。《論寬容書信》係針對英國國教派壓迫清教徒的事實而發，呼籲不同宗教或宗派要彼此容忍，更不能利用政治勢力相互傾軋。《人類理解論》一出書就促使洛克聲名大噪、享譽歐洲，它是一本專門討論知識理論的書籍，亦即其經驗主義認知論的完整闡述。

從返回祖國到去世之前，洛克還完成了許多著作，包括《教育漫談》、《基督教的合理性》（*The Reasonableness of Christianity*）以及討論貨幣與利率問題的文章，但是這些著作的重要性無法與其上述三部巨著相提並論。

## （八）在榮耀中，走完輝煌的人生

回到祖國後，洛克積極參與各項政治活動，包括幫助起草 1689 年的「權利法案」（Bill of Rights），儘管議會最終通過的版本在宗教寬容問題上，並沒有達到他的理想。威廉三世向他提供了一個高級外交職位，即駐法大使，但是他因為身體狀況不佳拒絕了。

1696 年至 1970 年間，洛克擔任新恢復成立的貿易部（Board of Trade）部長。新的貿易部擁有行政權力，它統治的範圍相當廣闊，從愛爾蘭羊毛貿易到鎮壓海盜行為；從英國窮人的待遇到殖民地的治理等等。事實上，它是美國革命前，管理美國的政府機構。

洛克的身體在晚年很少好過，尤其是倫敦煙霧繚繞的空氣，對他的哮喘病更是有不利的影響，因此，他非常高興地接受了他的親密友人——哲學家達馬里斯·刻德渥斯·麥士翰（Damaris Cudworth

Masham, 1659-1708）女士的安排，於麥士翰女士在埃塞克斯郡（Oates in High Laver, Essex）的家安養。他在那裡度過了最後幾年，修改了隨筆和其他作品，招待了包括科學之父牛頓爵士（Sir Isaac Newton，1643-1727）在內的朋友，並詳細回應了他的批評者。在長期身體欠佳之後，於 1704 年 10 月 28 日，他在麥士翰女士給他讀聖經時去世了。他被安葬在 High Laver 教堂。墓碑上所刻的是他自撰的墓誌銘（許智偉，2012-109）：

> 在此長眠的約翰・洛克，很滿意自己的命運。品德不足以誇口，錯誤也都已埋葬。這裡僅留下死亡的圖畫，如同其他地方一樣。若要尋找生命，只有去聽耶穌基督的福音。

## 三、教育學說

洛克的教育主張是本於其經驗主義學說的。許智偉（2012）指出，經驗主義主張人心如同「白板」（tabula rasa），並無生下來就有的知識，必須經由感官接觸到外在事務而產生感覺，才有外在經驗，並由悟性對外在經驗加以省思後才成為內在經驗而形成觀念，進而產生知識。

根據經驗主義，林玉体（1995）指出，洛克的教育主張有下列四點：

## （一）身體的鍛鍊

「健全的心靈寓於健全的身體。」身體的健康，有待加以鍛鍊，能夠忍受痛苦及疲倦，過著自然不拘束的生活，才是健康的不二法門。

## （二）品德的陶冶

身體要「鍛鍊」（practice），心靈則要「陶冶」（discipline）；前者要忍受痛苦，後者則要克制欲望。在品德的陶冶，也就是德育上，洛克有五點訴求：(1) 對上帝要有清楚的概念，不可迷信或成為無神論者；(2) 養成彬彬有禮的習慣，才是應有的紳士教養；(3) 童年才有的童稚行為，大人不必在意，應加以寬容；(4) 體罰有身體與心靈上的副作用，只能作為用盡所有較溫合的方式都不管用後，才可以使出的最後一招（last resort）；(5) 要善待他人，以愛心與敬意與他人相處。

## （三）智育

知識學習並不在於成為知識廣博的大學問家，而是要培養學習的興趣，以及學習為學的方法與增進知識的手段。所以知識學習要：(1) 尊重兒童好問的天性；(2) 勿逼迫，否則讀書會變成苦差事；(3) 進行感官及實用教學，吸引學生學習；(4) 經由實物的觀察，讓學生了解真相；(5)語言的學習要注重練習，而非只是熟記文法或修辭的規則。

### （四）貧窮子弟之教育

對於 3 至 14 歲貧苦無依的孩子應收容在「工作學校」（working schools），訓練他們有一技之長，以及勤勉的習慣，以便回饋社區所提供給他們免費的食物。

## 四、對教師專業的啟示

綜觀洛克的事蹟與思想，有許多值得臺灣教師學習的地方。首先，教師的學習要有良師，就像洛克在學習自然科學和醫學的過程，幸運地遇到兩位良師，亦即波義耳和西頓漢姆，才能在醫學和自然科學方面有傑出的成就。現代的教師們要主動尋找可以學習的師傅，不管是在教育理論方面，或者在教育實務方面，主動地向專家學者們學習，打下自己良好的教學基礎。

教師的學習也要有益友，就像洛克在學習自然科學和醫學的過程，遇到許多好朋友的引薦和密切往來，例如：勞爾醫生、天文學家和建築師克里斯托弗·雷恩等。現代的教師們，不能躲避在教室的象牙塔內孤芳自賞，而是要走出教室，多和校內外的同事們互動，經由同儕輔導或者教師專業學習社群，不斷地在自己的專業上學習與成長。

教師學習新的思想，接受新的觀念，必須將這些思想和觀念，實地運用在自己的教學實務中，才能產生真正有用的知識。所以教師學習應是一種「實踐本位的教師學習」（practice-based teacher learning）或者「做中學」（learning by doing）。

另外，教學知識的擴大和精熟也不是一朝一夕就能成的，而是要日積月累的，是故教師應是一位終身學習者，透過真積力久的學習以及不間斷的反思，才能建構起自己的教學實務智慧。

教師教學過程中，難免會遇到問題需要加以解決，所以現代教師亟需研究的知能，特別是「行動研究」的能力，透過研究不但可以解決問題，促進教師專業成長，更可以把自己的教學實務智慧記錄下來，以文字或圖像薪火相傳給下一代的教師群體，而善盡自己的專業職責。

教師若能在教學之餘潛心著作，是現代教師應有的作為，也是一件很有意義的事。畢竟人的一生短促，萬事終將成空，最後能留下的，除了好老師的名聲之外，就是著作了。就像洛克所著述的三部偉大的著作：《政府論兩篇》、《論寬容書信》、《人類理解論》能藏之名山，傳之千古，是對人類社會多麼有貢獻的事。吾人雖然很難有洛克那麼大的成就，但是他在著作上的用心和投入，是我們可以學習的楷模。

除了教學、研究之外，服務也是現代教師的三大職責之一。就像洛克在因緣際會下參與了政治活動，對於行政有興趣的教師，可以擔任學校行政人員；對於教學輔導有興趣的教師，可以擔任教師輔導教師或者研究教師；對於帶領學生活動有興趣的教師，可以擔任學生社團的指導老師。總之，教師可以走出教室，擔任教師領導的角色和機會非常的多，能夠依自己的需求以及學校的需要，量力而為，都是貢獻於「學校是一個學習者與領導者的社群」（school is a community of learners and leaders）的很好作為。

在教育學生方面，教師要立志當學生生命中的貴人，就像波帕姆是洛克生命中的貴人一樣，贊助洛克就讀西敏寺公學，洛克才能在日後有所成就。在我們的生命中，每一個人都在等待一個人，等一個能看見自己與眾不同的人，而教師正是學生生命中的重要他人，可以支持、協助和輔導學生成為國家社會的棟樑。

在教學內容與方法上，要體育、德育、智育均衡發展。在體育方面，要利用體育課以及各種活動，如勞動教育、課外活動，鍛鍊學生的身體。唯有身體健康，不但會有健全的心靈，而且才會有幸福的人生。

在德育方面，要陶冶學生的品德，養成彬彬有禮的習慣，而不是灌輸學生道德的知識。要寬容學生童稚的行為，不要實施體罰，更重要的是培養學生的愛心，能夠善待他人，能夠與他人和睦相處。

在智育方面，要透過遊戲與玩具，培養學生的學習興趣；與其灌輸學生知識，不如教導學生學習的策略與方法；要尊重學生學習潛能，施予適性教育，不要強迫學生學習；學習內容要與生活有關以及具有實用性，才能吸引學生學習；要做中學，讓學生充分運用感官，獲取經驗；語言的學習則要讓學生在生活情境中自然地學習，而非只是熟記文法或修辭的規則。

## 五、對教學輔導教師制度的啟示

洛克的生平事略及學說對於教學輔導教師制度有許多參考的價值。首先，教學輔導教師是一個終身學習者。為了帶好每一位夥伴教師，所以教學輔導教師要在教學以及教學輔導上皆能與時俱進，才能因應變化迅速的教學與教學輔導環境。

其次，教學輔導是一個貴人啟導的歷程。教學輔導教師應體會「貴人啟導」的意義與價值。教學輔導教師除了是學生的貴人之外，亦是夥伴教師的貴人。經由貴人啟導，夥伴教師的教學與生活問題得以解決，教學能力得以發展，進而其學生的學習表現得以提升。能夠作為夥伴教師生命中的貴人，是一件很光榮、很有意義的事。

再者，教學輔導教師可以進行夥伴協作，發揮教師領導的功能。一方面參與大學與中小學的夥伴關係（university-school partnership），發展協同合作的機制，一方面促進師資培育的改革，另一方面也提升了中小學教師的專業發展。此外，除了服務夥伴教師之外，亦要有為同仁服務的初心，與學校同仁進行夥伴協作，共同建構一個共好的教學環境。

在教學輔導方法上，除了與夥伴教師共同參與研習與進修之外，更重要的是協助夥伴教師在「做中學」，亦即從夥伴教師的實際教學生活著手，進行對話與反省，這樣才能協助夥伴教師解決其教學問題並增進其教學能力，這便是「實踐本位教師學習」的真諦。

## 六、結語

約翰‧洛克誠是傑出的政治家、哲學家和教育家，在政治方面，他是自由主義之父；在哲學方面，他是經驗主義的開創者；在教育方面，他的德、智、體三育並重的學說，可以說是全人教育的先行者。對於這樣劃時代的政治家、哲學家和教育家，吾人應向他學習，以他為立身處世的楷模。

# 6

## 盧梭　自然主義的開創者

# 一、前言

　　盧梭（Jean-Jacques Rousseau, 1712-1778）這位日內瓦之子，自幼生長在自然美麗的瑞士田野中。由於不幸的童年和顛沛流離的一生，讓他深感人世之不自由與不平等，因而寫出了《社會契約論》（*The Social Contract*）這一部深深影響法國大革命的鉅作。他所寫的《愛彌兒》（*Émile*）則開創了教育哲學中的自然主義，引發了教育史上哥白尼式的革命。其言行和學說有諸多值得國人學習的地方，是故，先略述其生平事略，再說明其教育思想，最後再闡述其生平事蹟與學說對教師專業與教學輔導教師制度的啟示。

# 二、生平簡述

　　依據裘奇（1980）與田戰省（2011）的記載，盧梭的生平可以簡述如下：

## （一）不幸的童年

　　盧梭於 1712 年 6 月 29 日誕生於瑞士日內瓦的一個中產階級家庭。父親是位鐘錶匠，手藝精巧，母親是牧師的女兒，聰明賢淑。但不幸的是，盧梭出世不久，母親便因難產而永離人間，對此，盧梭成人後便曾說：「我的出生是我無數不幸中的第一個不幸。」

　　幸運的是，盧梭由端莊幹練的姑母養大，可以稍補失去母愛的缺憾。姑母樂觀愉悅的心性，溫暖婉約的人格特質，美麗的面容和儀

態，給盧梭留下深刻的印象。盧梭日後愛好音樂的興趣，也是由於姑母愛好歌唱所引起的。

另一個對盧梭有深遠影響的是與父親的共讀。盧梭母親生前留下許多小說，父親每日在晚餐後與盧梭互相誦讀，父子兩人常常因為欲罷不能而讀至破曉始歇。就在這樣日復一日的讀誦中，無形中養成他讀書的習慣，並逐漸充實和滋養了他年幼的心靈。

另外，故鄉瑞士處處優美博大的山岳，淙淙不絕的流水，鬱鬱蒼蒼的樹木，姹紫嫣紅的花朵，四季分明的天然美景，也早在盧梭童年的心田裡，烙印下愛好大自然，歌頌大自然，追求回歸自然的性格與思想。

1722 年，盧梭在 10 歲時，父親因故與一位法國軍官發生法律糾紛而遠走他鄉。此時失去父親的盧梭只好到舅舅家住，舅舅為了讓他的孩子和盧梭接受較好的教育，就把兩位孩子一起送到一個寄宿家庭，接受一位牧師的教導，主要學習拉丁文和其他的禮儀。兩年學習期間基本上是充實愉快的，直至有一天被牧師的女傭誤指為弄壞牧師妹妹的髮梳，而被牧師和牧師妹妹嚴厲的質問和處罰，這不但讓盧梭弱小的心靈受到嚴重的傷害，而且使盧梭對牧師的敬仰以及既往的師生之情煙消雲散。盧梭和其表兄也不願意就這樣子繼續求學下去了。

## （二）難堪的學徒生涯

離開寄宿家庭之後，舅舅為了讓盧梭學得一計之長，乃在 1725 年初，盧梭 13 歲時，把盧梭送到一位法院書記官處學當書記，但盧梭並不喜歡這種單調乏味的職業，每日瑣碎的雜務更使盧梭筋疲力

盡，而這位書記官也不喜歡盧梭，覺得他懶惰、愚蠢，常出口惡罵盧梭，盧梭憤而辭退了第一個學徒工作。

　　1725 年 4 月，盧梭轉而學當一名雕刻家。他嗜好繪畫，對雕刻工作有興趣，也記取了先前學習失敗的教訓。然而雕刻家師傅卻是一位性情粗暴的人，對盧梭十分的嚴苛，使得盧梭變得孤寂與沈默寡言。有時會因為一時懶散和偷吃東西被師傅打罵，而愈打罵，盧梭就愈加難改惡習。

　　盧梭總結這四年的學徒生涯是痛苦難堪的，把盧梭青少年時期活潑的天性完全摧毀掉了，以致盧梭曾說：「四年之間所學到的盡是些竊盜與虛偽。」

## （三）流浪漂泊的人生

　　1728 年 3 月，盧梭時年 16 歲，盧梭決意離開家鄉，離開不快樂的學徒生涯，從此歷經數十年的流浪人生，他去過法國、德國、義大利和英國各地。為了生存下來，他廣泛地學習，當過書記、雕刻徒、家庭教師、樂譜抄寫員、音樂演奏家、歌劇編劇以及法國駐威尼斯公使祕書等職業。惟每個職位、每個地方他都待不久，這是一方面因為孤獨的性格，使他難以融入當地社會，另方面興趣廣泛與恃才傲物的性格，使他難以容忍他人的責問或輕視。直到有一天，他發覺他最適合思考及寫作，才充分展露他的才華，而這個世界也因為他的才華產生翻天覆地的改變。

　　在盧梭所從事的各項職業中，和教育直接相關的是他當過家庭教師。約在 26 歲的時候，盧梭受人推薦，得到一份家庭教師的職務—

當法國里昂一位司法長官兩位公子的家庭教師。這兩位學生中，老大8歲，聰明活潑，但也浮躁貪玩。老二5歲，領悟力還不夠，教起來相當費力。盧梭很喜歡教書工作，以前也有一些音樂教學的經驗，這次他很用心和耐心地教，但教得並不算順利成功，有許多時候因為學生的調皮搗蛋、難以教導，讓他感到挫折感。所幸的是，盧梭能進行反思，從中汲取寶貴的教育經驗。正是此次的經驗，使他孕育了日後教育名著《愛彌兒》的偉大思想。

在漂泊流浪的不幸人生中，盧梭很幸運地遇到華倫夫人（Françoise-Louise de Warens, 1699-1762）。在1728年，盧梭決定到異鄉流浪後不久，便經一位神父的介紹，謁見到華倫夫人並獲得及時的支助，才能倖存下來。華倫夫人出身貴族，家境富裕，是一位虔誠的天主教徒，具有溫柔慈愛的性格，對於不幸者尤富有同情心，常能不吝嗇地伸出援手。盧梭從16歲那年初見華倫夫人，到他29歲隻身闖蕩巴黎，一共在華倫夫人家中斷斷續續共同生活了13年，而正是這13年，讓一個漂泊的浪子能夠廣博地學習，學到了他日後獨步文學界、哲學界與教育界的知識體系，在身體和靈魂深處把盧梭給拯救出來。華倫夫人是盧梭的再造母親，同時也是老師、朋友和保護人，更是盧梭的情人。可以說，沒有華倫夫人，就沒有日後的巨擘——盧梭。但是很不幸的，像華倫夫人這樣善良的人，晚年生活卻貧窮潦倒，最後竟餓死在病床上，令人不勝唏噓。

## （四）一鳴驚人的論文比賽得獎

1742年，盧梭搬到巴黎。在巴黎這個崇尚自由的大城市裡，盧

梭結識了狄德羅（Denis Diderot, 1713-1784）等許多著名啟蒙思想家。應狄德羅之邀，盧梭為《百科全書》（*Encyclopedia*）撰寫音樂方面的內容，並且在狄德羅的鼓勵下，1749 年 10 月盧梭以論文〈科學和藝術的進步對改良風俗是否有益〉參加第戎學院徵文比賽，獲得首獎，這使盧梭在法國名聲大振。本篇論文主要是在論述人生而自由平等，自然是美好的，然而科學與藝術並沒有為人類帶來好處，只是造成社會的墮落和罪惡。

1753 年，第戎學院再次徵文，盧梭再次以〈論人類不平等的起源與基礎〉一文應徵，雖未入選，但本文確立了他在法國哲學界的聲望。本文主要剖析人類歷史的進程，從經濟和政治上挖掘社會不平等的根源，係建立在財產私有制度上，並且明確地指出，用暴力推翻封建專制是合理的。本文提供了法國大革命的基礎，奠定了盧梭成為法國著名的激進派啟蒙思想家的地位。

## （五）在隱居中努力寫作

「譽之所至，謗必隨之。」為避免在城市中的流言與喧囂，盧梭於 1756 年至 1762 年間，受友人資助，隱居在巴黎近郊，繼續從事不懈的創作。1762 年同時發表了《社會契約論》和《愛彌兒》等兩本名著。

《社會契約論》闡述主權在民的思想，是現代民主制度的基石，深深影響廢除歐洲君主專制集權運動，以及 18 世紀後期的美國獨立運動。美國的〈獨立宣言〉（The Declaration of Independence）和法國的〈人權宣言〉（The Declaration of Human Rights）及法美兩國

的憲法，均體現了《社會契約論》的民主思想。

《愛彌兒》係盧梭所著的教育小說，也是盧梭自認爲是「我的所有作品中最好、最重要的一部」。全書共五卷，書中敘述愛彌兒自出生以來直至成人的教育歷程。本書旨在宣揚自然主義的教育思想，使教育實施能順應學生身心的自然發展。《愛彌兒》不但影響近現代兒童教育甚鉅，而且在文學史上，又爲 19 世紀浪漫文學的先驅。

惟《愛彌兒》的發表並沒有帶給盧梭財富和榮耀，反而由於受到守舊人士和宗教界的反對，《愛彌兒》一書不但沒有辦法順利出版，而且被法國高等法院命令燒燬此書，並欲逮捕盧梭下獄。盧梭只好四處逃亡，以抄寫樂譜爲生，以勤儉爲生活的戒律。

逃亡期間，盧梭完成聞名於世的《懺悔錄》（*Confessions*）。該書係盧梭於 1765 年，當他的生活因再次陷入顛沛流離的狀態時，他懷著一種悲憤的心情開始寫作他的自傳，寫到 1770 年才完成。死後四年，亦即 1782 年才得以出版。本書是世界文學史上最早、最有影響力的自我暴露作品之一，書中毫不掩飾個人的醜行，他把自己的靈魂眞誠地、赤裸裸地呈現給讀者，對後世的文學及思想影響甚爲深遠。

## （六）死後的殊榮

盧梭坎坷流離的一生，到了 1778 年的 7 月 2 日走到了盡頭，當天他因腦溢血與世長辭，死後被安葬在波拉斯島上。法國大革命後，1979 年 4 月 5 日法國革命政府將其靈柩以國民英雄身分遷葬於巴黎先賢祠，以表彰其對法國的偉大貢獻。其後，世界各國的政治與教育

也受益於他超前時代的思想與見解。生前備受誤解的盧梭，應該沒有想到會在結束悲劇性的一生之後，竟然會受到世人無比的推崇。

## 三、教育學說

林玉体（1980；2011）指出，盧梭的教育學說主要有二：其一為自然主義的教育學說，其二為《愛彌兒》的教育構想。

在自然主義的教育學說上，盧梭力主「返回自然」。返回自然的教育學說則包括下列四個要點：(1) 去除形式作風，糾正矯揉做作；(2) 自然教育就是順其自然的消極教育，不作過多的人為干涉，讓自然發揮獎善罰惡的效果；(3) 自然教育就是強調實物教學的教育；(4) 自然教育就是熱愛學童、尊重學童、給予學童自由的教育。

至於在《愛彌兒》的教育構想上，盧梭將一個人的出生至青年期分為下列四個教育階段：(1) 嬰兒期─自出生到 2 歲，以家庭教育與身體保健為主；(2) 兒童期─自 3 歲到 12 歲，以感官訓練和身體鍛鍊為主；(3) 青年前期─自 12 歲到 15 歲，以勞動、大自然的探祕、好奇心的滿足與手工教育為主；(4) 青年期─自 15 歲到 20 歲，以理性的自然運作，從事知識、道德及宗教的學習，再加上情感教育為主。

## 四、對教師專業的啟示

盧梭是 18 世紀的大文學家、大哲學家與大教育家，對現代教師有諸多可以學習的地方。教育上，他首開以「兒童為中心」先河，影響後世的教育家如裴斯塔洛齊、福祿貝爾和杜威等人甚鉅。在 18 世

紀那樣充滿著教條與紀律的社會中，盧氏學說無疑是一劑非常有效的清涼劑與解毒方。傳統上，以成人為中心的教育，從此開始轉向以學童為中心，而在教育上必須顧及學生的需要、興趣與能力，這是他對教育的最大貢獻，也是身為人師的我們念茲在茲的必備觀念。

其次，盧梭強調教育要順其自然發展，也是很有參考價值的。教師宜順著學生的天性，提供良好的環境讓學生自然地成長茁壯，不要揠苗助長。另外，大自然本身就是最好的教室，如何讓學生們樂於探索自然，充分利用各種感官，體驗、發現自然之美與廣博知識，也是教師的本職工作之一。

在《愛彌兒》一書上，它告訴我們，每位學生在每一個階段皆有其學習特徵與主要發展工作，是故教學者宜把握「學不躐等」的原則，循序漸進地協助學生發展多元智能。另就全人教育而言，知識的學習固然必要，但同樣重要的是德育、體育、群育、美育，五育均衡發展確是教育的理想。

就知識的學習而言，由盧梭的人生經驗可以發現「閱讀」的重要性。盧梭兒時與父親的共讀，無形中養成他讀書的習慣，並逐漸充實和滋養了他幼小的心靈。同樣的，在學校裡，教師若能充實班級圖書設備，並鼓勵學生大量閱讀適合其學習程度與學習興趣的各類書籍，當有助於培養學生的閱讀習慣與能力。有了閱讀習慣與能力，將可打開知識的寶庫，追求幸福的人生。

從盧梭在幼時被誤解弄壞牧師妹妹的髮梳一事，可見正確處理學生違規犯錯事件的重要性。一位老師要和學生建立關係需要長時間的經營，但是很可能就因一個事件沒有處理妥當，而使得長時間建立

的師生關係毀於一旦。對被誤解的學生而言，輕則感到難過與痛苦，重則種下人格偏差的種籽。是故教師對於處理學生事件，務必慎重，有一分證據，說一分話，徹底地了解事實後，才能做處理。即使學生有錯，也要了解問題的成因，施以適當的矯正，而不是動輒責罵或處罰。

最後，從盧梭的家庭教師經驗，可以發現「教學反思」的重要。盧梭在那次的教學中並不成功，但是他能反思，從中汲取經驗，進而孕育了日後教育名著《愛彌兒》的思想。同樣的，老師不是聖人，不可能永遠不犯錯。錯誤並不可怕，可怕的是沒有反省的自覺與作為，致使同樣的錯誤一錯再錯。反之，透過教學反思，不但可以調整或修正無效的教學行為，也可以使有效的教學更加精進、更加卓越。教學反思誠為成為一位優秀教師的不二法門。

## 五、對教學輔導教師制度的啟示

身為一位教師，特別是初任教職的老師，難免會遭遇諸多的困境，例如：任教別的教師所不願意教的班級、學生調皮搗蛋、教學負擔沈重、兼任行政職務、家長不配合等，此時很容易因為適應不良而懷憂喪志。人生是苦的，就像盧梭一生中所遭遇的諸多不幸一樣，只是在不幸的範圍和程度上有所差別而已。然而，艱困的處境常是磨練心志的最好機會；而過於順境的人生也常養成趾高氣揚的個性，而不知同情他人與體恤學生。先賢范仲淹有言：「生於憂患，死於安樂。」誠哉斯言！

所幸的，吾人可以經由「貴人啟導」幫助初任教師解決困境。在世界先進國家所普遍設立的教學輔導教師制度，其實就是在提供初任教職者一位隨時隨地可以尋求協助的貴人，而當初任教職者在日後成爲優秀教師後，也可以成爲他人的貴人。經由這種「以善引善」的良性循環，教師界能夠薪火相傳，而有更精進的教學專業。

　　然而教學輔導教師這種現代師徒制和盧梭時代的傳統師徒制有很多的不同：其一，傳統的師徒制，學徒要負擔諸多打雜的工作，而教學輔導教師制度中的夥伴教師（徒弟）是不必接受那樣的痛苦。其二，傳統師徒制常帶有打罵與處罰，而教學輔導教師制度所強調的是陪伴與支持。其三，傳統師徒制以習得技藝爲主，而教學輔導教師制度強調教學認知的改變。惟有教學認知能夠改變，才能眞正改變教學行爲。所以教學輔導教師所做的輔導工作不是「行爲訓練」，而是「認知教練」（cognitive coaching）。

　　但是從盧梭的學徒生涯，我們也可以得到另外三個啟示。第一，在師徒制中，徒弟要有學習的興趣，如果沒有學習意願或興趣，那麼師徒制很難成功。就像盧梭對學當律師書記並沒有興趣，缺乏學習動機注定了學習的厭倦與失敗。同樣的，如果接受輔導的夥伴教師並沒有接受教學輔導教師協助的意願，則教學輔導歷程是很難順利成功的。第二，身爲師傅者要有溫暖同情、平和中正的性格。像盧梭的第二位雕刻家師傅那樣待人嚴峻、性情粗暴的人，很難成爲一位好師傅。第三，師徒制的教育方式要以鼓勵、肯定和支持爲要，不能像盧梭的兩位師傅動輒打罵。打罵或處罰常是無效的教育方式，更何況會帶來諸多的副作用，是現代師徒制所不足取的。

## 六、結語

　　總之，盧梭不但是法國的國民英雄，更是人類的瑰寶。他的天賦和生長背景，造就他成爲多才多藝的文學家、藝術家、哲學家及教育家。他在困頓人生中的力爭上游，激勵了我們奮發向上的勇氣與力量。他所引發的哥白尼式革命，仍在世界各國的政治與教育舞台餘波盪漾……。

# 7

# 康德 批判哲學大師

## 一、前言

　　伊曼努爾·康德（Immanuel Kant, 1724-1804）是 18 世紀德國思想家、德國古典哲學的奠基人。他調和了當代理性主義和經驗主義，創立自己的學說，為 19 世紀和 20 世紀的哲學家們鋪設了一道必經的橋梁。他的三部「批判哲學」大作：「純粹理性批判」（Critique of Pure Reason, 1781）、「實踐理性批判」（Critique of Practical Reason, 1788）和「判斷力批判」（Critique of the Power of Judgment, 1790）對當今智育、道德教育以及美育理論與實務有深遠的影響，非常值得加以說明。是故，先略述其生平事略，再說明其教育思想，最後再闡述其生平事蹟與學說對教師專業與教學輔導教師制度的啟示。

## 二、生平簡述

　　依據易杰雄（1991）、侯鴻勛（2000）、朱高正（2004）、Kuehn（2005）的論述，康德的生平可以簡述如下：

### （一）出身貧寒，虔誠勤樸家風的薰陶

　　康德於 1724 年 4 月 22 日出生於普魯士柯尼斯堡（Königsberg）「鞍匠街」的一個工匠家庭，他的父親約翰·格奧爾格·康德（Johann Georg Kant, 1682-1746）是當地一名皮匠，母親安娜·雷吉娜·羅伊特（Anna Regina Reuter, 1697-1737）是一位皮匠的女兒。

由於出身貧寒，康德從小就過著清貧的生活。

康德的父母親都是清教徒虔誠派的信徒，過著勤勞、節儉、忠誠、克制的生活，這樣的家風以及手工藝人的教育，對康德的一生產生深遠的影響。他說：「我從來沒有聽到我父母說過一次非禮的話，也沒有看見他們作過一件卑賤的事。」（侯鴻勛，2000-22）他在73歲時還對人敘述道：「我的父母（出身於工匠）那樣正直的態度、道德和禮貌，都可為後人模範。他們辭世的時候，雖然沒有留下一點產業（可是也沒有一文的債款），但是給我這般的教育，從道德方面看來，再沒有比這更為高尚的了。」（侯鴻勛，2000-22）

康德從小體質孱弱。在他出生前，已有兩位兄姊不幸夭折，所以他的父母便竭盡全力要使這個孩子活下來，並在體魄、道德和知識上都能得到健康的發展。他們千方百計地栽培他，努力激發他的求知慾和想像力。對此，康德在晚年自述道：「我永遠不會忘記我的母親。她在我身上培植了最初的優良品質，她用得自大自然的觀念啟發了我的心靈，喚醒並擴大了我的智力，她的教誨對我一生都有極大影響。」（易杰雄，1991-3）

## （二）幸遇貴人，順利就讀中學

虔誠的母親常於作禮拜時，帶著年幼的康德去看望神學博士舒爾茨（Franz Albert Schultz, 1692-1763）牧師，舒爾茨對康德甚為賞識，常鼓勵康德的父母將來一定要讓其子上大學讀書，在舒爾茨的安排下，康德於1733年進入皇家的文科中學—弗里德希高校（Collegium Fridericianum）就讀。

舒爾茨博士是當代名流，是柯尼斯堡文化發展的先驅，也是宗教界、教育界、慈善事業界的領袖。他不僅把康德引進弗里德希高校，而且對他的父母也不時有所接濟，同時並不以與這個簡陋的工匠家庭往來爲恥。康德對這一位生命中的貴人終生感激，直到晚年，還向其好友說，很遺憾沒有爲舒爾茨寫過一篇紀念性的文章。

不過，康德對弗里德希高校的印象並不佳，因爲這所學校太重視宗教的儀式與課程，相對地忽視了自然科學。所幸在學校裡有一位很優秀的拉丁文教師——海頓萊希（Johann Friedrich Heydenreich）。在他的教導下，康德不但把拉丁文學得很好，打下了能深入理解羅馬詩學的基礎，而且培養了清晰思考的能力。正因如此，康德在暮年時仍能背誦長篇羅馬古典文學。

中學時期的康德，不僅資賦優異，而且學習勤奮，是一位品學兼優的好學生。他入學半年後，便在全班考試中名列第二，在二年級考試得第一名。在其後各年級，他孜孜不倦，努力學習，所以考試總是名列前茅。1740 年秋以第二名成績從弗里德希高校畢業。

## （三）生活簡陋，勤奮學習的大學生活

弗里德希高校畢業後，康得隨即經考試及格，於 1740 年 9 月 24 日，註冊就讀柯尼斯堡大學（University of Königsberg），開始他研究高深學問與從事專業工作的生涯。

康德是有遠大抱負的人，少年時已立下從事獨立的科學研究和擔任教職的志願。除修讀文科外，主要研究興趣雖然在數學、自然科學與哲學，但是對於神學並不排斥。

在大學的教授當中，對康德影響最大的是一位年輕的形上學和邏輯學的副教授馬丁・克努眞（Martin Knutzen, 1713-1751）。克努眞年長康德10歲，15歲入大學，21歲就應聘爲副教授，可惜37歲就因操勞過度而英年早逝。這位辛勞的老師和勤奮的康德之間，建立了一種極親密的師生關係。「克努眞是個最善於考察他人的人，他知道康德有絕大的天才，常常於私人談話中鼓勵他向上的勇氣，因此便把牛頓的著作借給他，康德若有興趣，還可在他收藏很豐富的書庫裡，遍閱所有書籍。」（侯鴻勛，2000-31）克努眞鼓勵康德發揮潛能，成爲獨立的思想家。康德受到克努眞非常大的影響，因此1758年以前的著作大多與自然科學有關。

由於家貧，家中無法支助康德的大學費用，除了舒爾茨博士和叔父里希特（Richter）的補助之外，主要靠自己。他教授幾個學生的功課，隨意收點學費。有的同學由於在學業上請教過康德而送給他一些日用品，有的好朋友甚至提供住房。康德生活儉樸，所以經濟上也不會很困難。偶爾必須外出時，便將衣服拿到裁縫店綴補，或借同學的衣服和皮鞋外出。他的生活雖然艱難，但他卻還能購置了大批哲學書籍，並常常借給同學們閱讀，因此康德的人緣甚佳。

## （四）擔任家庭教師，早期的教學生涯

康德從柯尼斯堡大學畢業後，沒能馬上實現他在大學任教的理想。從離開大學到1755年期間，爲了維持生計，曾在三個家庭當了7、8年的家庭教師。1748年，他先在猶襯（Judtschen）地方的一個宗教改革家的家裡擔任教習。1750年，到薩爾菲爾德（Saalfeld），

教導主教的兩個兒子。1753年，到羅騰堡（Rautenburg）的凱撒林（Johann Gerhard von Keyserling）伯爵家擔任家庭教師。伯爵夫人博學多聞，爲女中翹楚，對研究哲學很有興趣，曾與康德有十數年的來往，並爲康德畫了一幅畫像，畫中的康德很年輕，至多不過30歲左右。

　　窮鄉僻壤的家庭教師生涯，不僅使康德取得了教學經驗和豐富的生活閱歷，而且有充裕的時間博覽群書，這爲他後來的學術生涯打下了很好的基礎。康德勤於寫作，課餘之暇，以風馳電掣的速度，不斷地發表許多驚人的著作，例如：1749年發表處女作《關於活力正確估測的思索》（*Thoughts on the True Estimation of Living Forces*）；1755年出版《自然通史與天體理論》（*Universal Natural History and Theory of the Heavens*）。

　　但是，康德自知他不是一位很好的家庭教師，他認爲教書是一門藝術，如果要把學童教好，須得將自己的知識降低，與他們的理解力相等。這樣的作法，才是適合中小學學生的教學，但是在他個人作爲一位天才型的人物，是很難做到的。所以康德認爲，從事研究工作或者在大學任教，才是發揮他的才學的最佳園地。

## （五）任職大學講師，忙碌的教學、研究與服務生涯

　　1755年4月17日，康德向柯尼斯堡大學哲學系遞交了一篇拉丁文論文——《論火》（*Concise Outline of Some Reflections on Fire*），5月13日舉行考試，6月12日取得碩士學位（當時的最高學位，相當於今天的哲學博士）。同年9月復提出一本拉丁文論

文，也是第一本關於哲學的論文——《對形上學知識的基本原理的新解釋》（*New Elucidation of the First Principles of Metaphysical Cognition*）。通過論文答辯後，取得了大學講師的資格，開始擔任柯尼斯堡大學的編制外講師（是指未經國家任命，不領大學薪水，自行向聽課學生收費的教師）。康德時年 31 歲，又經過 15 年後，方取得柯尼斯堡大學編制內正教授的職務。

為生活所迫、出自經濟上的考慮，康德所講授的科目甚多，有邏輯學、形上學、倫理學、哲學大綱、哲學史、自然地理學、自然法律學、理論物理學、數學、數學機械學、平面幾何學、三角、雄辯學、建築工程學、軍事工程、火炮製作術等。他講授科目之繁多、內容之豐富，令人驚嘆，由此可見他的勤奮和學識之淵博。

康德每週授課在 26 至 28 小時之間，可說是一位最守時、最盡心盡力教學的大學教師。他在 1770 年被聘為正教授的聘書中，首先寫道：「歷經辛勤地講演，大有貢獻於大學」（朱高正，2004-42）。

康德的教學法符合現代的教學原理，在當時可算是相當的先進。他先啟發學生的學習興趣，再培養學生的理解力，最後鼓勵學生獨立思考。他採用的教學方法是對話的，而非獨斷的；是雙向辯論的，而非單向講述的。講授時，由於學識淵博，又能旁徵博引，深入淺出，循循善誘，因此很受學生歡迎。

在研究上，在康德擔任編制外講師的 15 年期間（1755-1770），發表了相當大量且具有影響力的著作。例如：1756 年寫作論述「1755 年里斯本地震」（1755 Lisbon earthquake）的三篇文章，雖觀點不盡正確，但係當時少數能系統性解釋地震發生原因的著作；1758

年發表《運動與靜止新論》（*New Teaching Concept of Movement and Stillness*），引起學界廣泛的注意；1763 年發表《論上帝存在的唯一可能的證據》（*The Only Possible Argument in Support of a Demonstration of the Existence of God*）一書的問世，使康德名聞遐邇，幾乎無人不曉。

除了戮力教學與研究之外，康德也從事服務的工作。爲了謀求一個穩定的職業和固定的薪金，康德於 1765 年申請，並於當年 11 月 2 日獲聘擔任皇家圖書館副館長，任期達 7 年半之久，後因已升任柯尼斯堡大學哲學系正教授，在時間分配上產生困難，乃申請從圖書館離職，1773 年 5 月 15 日，柯尼斯堡政府正式批准了康德的辭職呈文。

## （六）升等坎坷，終獲聘正教授

康德在柯尼斯堡大學申請編制內的職位並不順利，共歷經多次的申請才遂其願，成爲柯尼斯堡大學的正教授。第一次是他在 1756 年 4 月 8 日申請遞補其師克努眞去世後所空懸的邏輯學與形上學副教授席位，可是時機不對，恰逢柯尼斯堡政府正與奧地利發生戰爭，爲節省經費，就懸缺不補了，以致康德爭取遺缺失敗。

第二次是在 1758 年神學兼哲學正教授基普刻（Johann David Kypke, 1692-1758）去世，康德於當年 12 月向校長評議會和哲學系申請補缺，雖然評議會認爲康德和另一位同時申請的哲學系助教卜克（Friedrich Johann Bucks, 1722-1786）博士同具有任職的才能，但因卜克在柯尼斯堡大學任教已經 15 年了，比康德的 3 年任教年資較長，乃由卜克獲聘該職。

第三次是在 1764 年，由於博克斯（Bocks）教授去世，空出一個詩學教授的職位，柯尼斯堡政府推薦康德接任，但康德認為這個職缺要批改學生的即興詩，並且每逢學校的慶典，便必須代表學校作正式詩文，他覺得不能勝任愉快，便回絕了。

第四次是在 1770 年 3 月，久任神學兼數學正教授的朗漢森（Langhansen）去世，但康德只希望接任與其能力及興趣相投的職位，最後在學校安排下，由卜克教授接下朗漢森教授的職位，再由康德接下卜克所留下的邏輯學與形上學的正教授。康德於同年 8 月 21 日正式就職，隨後發表就職論文《論感性世界與睿智世界的形式與原理》（*Concerning the Form and Principles of the Sensible and Intelligible World*）。

## （七）發表批判哲學，聲名遠播

康德在任職柯尼斯堡大學正教授之前，早已是名滿哲學界的大學者了。之後，更是終生勤勉地在柯尼斯堡大學服務，曾數次婉拒德國各知名大學待遇更優渥的教職。在教學方面，擔任正教授的十年間（1770-1780），康德任教的科目和節數雖然較以往在編制外講師時期少了不少；但是在研究方面，也只是發表了幾篇論文而已，讓學界有些人士對他在研究與寫作上的沈默表現有些不解。

原來，這位大哲學家正在絞盡腦汁埋頭撰寫一部深思熟慮的大著作《純粹理性批判》，歷經 12 年的蘊釀，終於在 1780 年的春天和夏天，康德用了五個月的時間，便把這部巨著撰寫出來了。他本來只想寫一本小冊子，沒想到欲罷不能，成為厚達 856 頁的巨著。

18 世紀 80 年代是康德一生的鼎盛期。從 1781 至 1790 年這十年，學術界通常稱之爲批判哲學時期。康德於 1781 年出版了《純粹理性批判》（被稱爲第一批判），並於 1787 年將該書的第一部分進行了大量修改，出版了該書的第二版。1788 年出版《實踐理性批判》（被稱爲第二批判）。1790 年出版《判斷力批判》（被稱爲第三批判）。他的核心著作被合稱爲「三大批判」，分別闡述了在知識論、倫理學和美學的系統性理論。此外，康德在宗教哲學、法律哲學和歷史哲學方面也有相當豐富的論著，可說是碩果纍纍的大師級人物。

在行政服務上，1776 年夏，康德第一次擔任柯尼斯堡大學哲學系主任職務，之後估計在 1791 年夏前後共擔任過五次系主任。此外，他還當過兩次柯尼斯堡大學校長（1786 年和 1788 年）。第一次升爲大學校長是在 62 歲生日的第二天舉行就職典禮。學生給他獻詩，其中一節寫道：「他的心絕不慕虛名，也沒有絲毫卑鄙的驕氣。他的行爲莊嚴神聖，正與他的道德相稱。」（侯鴻勛，2000-68）

## （八）規律的生活，走完淡泊寧靜的人生

康德自從發表了批判哲學之後，聲譽日隆，學說遠播，在普魯士，人們以不知道康德爲慚愧的事情。在非德語系國家的影響力也愈來愈大。1794 年 6 月俄羅斯的彼德堡科學院聘康德爲院士，1798年義大利科學院將康德列入 40 位不朽人士之一。在荷蘭、丹麥、英國，人稱康德爲「偉大哲學家」，並將康德的批判哲學列爲「不朽的理論」。

可是，正當康德在國內外聲譽日隆的時候，這位遲暮的老人卻遭

到本國政府的打壓。1786 年 8 月弗里德希大帝去世，9 月威廉二世繼位。威廉二世不同於前任容許思想自由和對科學的庇護，採取限制思想言論自由的禁令。康德的自由思想自然遭到執政當局的打壓，結果於 1794 年 10 月 1 日康德的宗教觀點受到國王的申斥。然而，康德決不會就此停止自己奮進的步伐。他雖然宣稱不再討論宗教問題，但是在其他的科學領域，尤其政治領域仍然悉心關注，筆耕不輟，並於 1795 年發表了一篇拒絕種族等級制度和歐洲殖民主義的學術論文─《永久和平論》（*Perpetual Peace: A Philosophical Sketch*）。

然「非淡泊無以明志，非寧靜無以致遠」，不管是在國內外的聲譽日隆時期，或者是在遭致打壓的日子，康德還是以淡泊寧靜的心態，過著極規律而單純的教書、會友、讀書、寫作的日子。日常作息為每天睡覺 7 小時，清晨 5 點準時起床，7 點開始講課到 11 點，12 點用午餐，一般午餐會用到 4 點，當客人增加時（康德喜歡結交志同道合的各方好友，用午餐時會邀請 2 到 5 位好友共餐），會延到 6 點鐘，這是他一天唯一用的一頓正餐。餐後散步原則上以一小時為度，目的地為離家不遠的菲德烈堡壘，這條路康德稱為「哲學之路」，因為很多重要的哲學思想大多構思於此。回家後閱讀寫作，於晚上 10 點準時就寢。

康德於 1796 年退休。退休後，他過著紀律嚴明的生活，主要專注於完善他的哲學體系。1798 年康德發表了最後一部著作──《實用觀點下的人類學》（*Anthropology from a Pragmatic Perspective*），在這部著作中，對他自己的全部哲學思考作出一個總結。然而，很明顯，他在晚期筆記中顯示了有精神衰退的跡象，這種

衰退在 1800 年左右變得更加急劇惡化。康德於 1804 年 2 月 12 日去世，就在他 80 歲生日之前的二個多月。

## 三、教育學說

　　康德的教育學說主要係以批判哲學為基礎。在他的三大批判中的《純粹理性批判》，康德認為作為先天認知能力的理性與知性，最後係以先驗統覺之超個人的普遍性為根據，由此所建構出的知識內容，才具有普遍的有效性；在《實踐理性批判》，康德主張實踐理性作為道德實踐的先驗根據，在於他能克服感性的愛好，而為自己的行為決定，設立必須絕對加以遵守的道德法則；在《判斷力批判》，康德說明為何人們會在面對同一對象，都會覺得美，係由於人們有共同的審美能力，亦即在面對對象時，想像力與知性產生和諧，並在和諧的自由遊戲中，對對象做出判斷（朱啟華，2008）。

　　朱啟華（2008）指出，康德學說的教育目的在均衡地發展學生先天的才能，並且開發人性，以使學生達到他們本具的天性。至於先天才能的開展，或者說先天的心靈能力的培養，則可以歸納為開展人認知、審美及道德實踐等能力。由於這三者實際上又是康德批判哲學探討的主題，所以康德主張的教育目的是根源於其批判哲學中的人類圖像。

　　李明德（1995）指出，在提升認知能力上，康德認為對兒童來說，首要讓兒童在自由活動（例如：遊戲）中，自然地運用他們的各種器官，並在運用中發展和增強它們的功能。接著，就要加強各種心

智功能的訓練，包括注意、記憶、想像、理解、判斷，特別是理性思維和創造力。教學的方法，一是從做中學，二是採用蘇格拉底法，透過啟發和問答的方式，使學生自己引出新的認識。

在提升想像力，也就是審美能力的教育上，康德認為學童的想像力，在接觸到童話之前，就已經非常的活躍，所以反而需要引導，使它朝向所期望的方向發展。這時可以讓學童學看地圖，使他們能由上面的圖形，如河川、山谷等，聯想事物的可能狀態，或者在地理中，由動物與植物的圖形或實物，相互連結，激發兒童的想像力（朱啟華，2008）。

最後，在道德教育方面，是以培養個人道德實踐的能力為主。康德認為，這種能力，要從孩童時期，就開始培養他服從紀律的習慣；而當學生逐漸成熟，就可以用教義問答的方法，透過師生對話，喚起學生的道德意識，形塑自我立法的自律能力（朱啟華，2008）。

## 四、對教師專業的啟示

綜觀康德的事蹟與思想，有許多值得臺灣教師學習的地方。首先，教師要有好學不倦的態度，能善用各種學習機會，在自然科學與人文社會科學等各領域進行博雅的學習。是故，博雅教育在師資培育課程中應據有一席之地。

在教師學習中，理性思維和創造力是很重要的功夫。對於吸取新知識固然要博學多聞，但是也要有獨立判斷的能力，不能對知識來源一味地盲從，而是要透過理性思維，加以吸收消化，然後透過吸收消

化後的知識，去創造更多的知識，這樣才能建構自己的知識體系。

　　從康德在早年私人家庭教師的教學經驗中，我們可以發現，教師的學習基本上是一種「實踐本位的教師學習」。也就是說，教育理論固然很重要，但是要在教學實務經驗中加以檢驗，才能成為真正有用的教學實務智慧。所謂「實踐是檢驗真理的唯一標準」，便是這個道理。

　　在學有所成之後，教師要立志當良師。「好老師讓人記一輩子」，老師對於學生的影響實在太深遠了。在康德的生命中確實也曾遇到許多好老師，例如：在大學求學時期的克努真教授，不但讓康德永銘於心，而且鼓勵康德發揮潛能，成為獨立的思想家。

　　其次，要立志當學生生命中的貴人。就像舒爾茨博士是康德生命中的貴人一樣，不但鼓勵和支助康德讀中學和大學，而且在康德完成學位後，也幫康德找到適當的工作，康德乃有今天的成就。作為學生生命中的貴人，不但讓學生感懷一輩子，而且也會讓自己很有成就感，何樂而不為呢？

　　要當一位好老師，要和學生站在同一水平。要先了解學生的先備知識，須得將自己的知識降低，與他們的理解力相等。用這樣的作法，逐步引導學生往更高的認知層次發展，才是一位能因材施教、循循善誘的好老師。否則以自己的知識水平，去認定學生也要具有相同的水平，不但將使學生學習得很痛苦，而且自己也會感到挫折與失望。

　　要當一位稱職的老師，也要善用家庭教育的力量。就像康德有今日的成就，與其父母的教養態度息息相關。是故，教師宜做好親師溝

通的工作，讓學生、老師、家長這三個班級活動的主要成員，三者之間能協同合作，營造一種溫暖愉悅的學習氣氛，讓學生在正向的學習環境中快樂的成長。

在教學內容上，教師宜在智育、德育、美育三育並重。在智育上，要加強各種心智功能的訓練，包括注意、記憶、想像、理解、判斷，特別是理性思維和創造力，彼此之間的均衡發展。在德育上，要培養學生服從紀律的習慣以及喚起學生的道德意識。在美育上，要培養學生對美的欣賞和想像力。

在教學方法上，教師在講授時，要博學多聞，又能旁徵博引，深入淺出，循循善誘。其次，透過啟發和問答的方式，使學生自己引出新的認識。再者，利用遊戲教學培養學生學習興趣，以及「做中學、行中思」也是很好的教學方法。總之，教學是科學也是藝術，需要由教師就學生學習與教學情境的需要，採用多樣化的教學策略。

在教師工作任務上，要教學、研究、服務三者合一，不能只顧教學，不顧研究與服務的職能。比較理想的狀況是教師先對教學領域進行教材教法上的研究，然後把研究所得落實在教學上；若是教學上遇到困難，也可以再進行研究。再者，教師要把教學經驗以及研究成果向校內外推廣，以善盡推廣的職責。當然，如果行有餘力，也可以兼任學校行政的職務，從事學校行政工作。

另外，教師要走出教室和同事做工作上的夥伴，發揮夥伴協作的功能，才能對教師的教與學生的學發揮更大的影響力。「同事是合作的夥伴，而不是牆另一端的陌生人」，透過夥伴協作，可以組成教師專業學習社群，可以協同做行動研究，也可以透過對同事的同儕輔

導，協助同事改進既有的教學策略或者學習新的教學模式。

最後，現代教師要學習康德那種寧靜淡泊的生活態度。處順境，不驕傲；處逆境，仍奮進。不以物質爲富貴，而以學生的學習成就爲精神上的富貴。每日過著簡單而有規律的生活，這樣不但對於自己的生理與心理健康都有助益，而且也是學生學習的楷模。

## 五、對教學輔導教師制度的啟示

康德的生平事略及學說對於教學輔導教師制度亦頗有啟示。首先，就像「好老師讓人記一輩子」一樣，「好的教學輔導教師也會讓夥伴教師記一輩子」，是故，教學輔導教師要立志當夥伴教師生命中的貴人，把每一位夥伴教師都帶上來。這樣一定會讓夥伴教師一輩子感懷在心。

要帶好夥伴教師，教學輔導教師要與夥伴教師站在同一水平上。要先了解夥伴教師的先備知識，須得將自己的知識降低，與夥伴教師的理解力相等。用這樣的作法，逐步引導夥伴教師往更高的認知層次發展，才是一位能因材施導、循循善誘的教學輔導教師。

其實上述的作法，係與「發展性視導」（developmental supervision）的概念相符。發展性視導指出，每位教師或教師團體的動機與能力等皆有所不同，因此，視導人員應該先理解教師在動機與能力的發展階段，然後針對不同發展階段的教師，採行不同的視導行爲或風格，如此才能發揮「因材施導」的理想，也才能增進教師的教學成效，並且引導教師在教學專業上賡續地發展與成長。

在輔導夥伴教師時，教學輔導教師要善用講述及問答法。講述時，要能博學多聞，又能旁徵博引，深入淺出，循循善誘，提供夥伴教師有用的教學實務經驗。其次，透過啟發和問答的方式，使夥伴教師自己能引出新的教學概念，培養自行解決問題的能力。

當夥伴教師學習到一個新的教學概念或策略時，必須鼓勵夥伴教師將之運用到教學實務之中，從「做中學」、「行中思」，透過不斷的教學實踐，時時刻刻的自我反思與修正教學實務，純熟新的教學概念或策略，這樣夥伴教師不但能在教學上快速的成長，而且成為能「自主學習」的優秀教師。

## 六、結語

伊曼努爾·康德誠是一位三不朽的哲學家和教育家，在「立德」方面，他行為莊嚴神聖，道德高尚，足為世人楷模；在「立言」方面，他在知識論、倫理學、宗教哲學、法律哲學和歷史哲學等方面皆有相當豐碩的論著，可說是碩果纍纍的哲學大師；在「立功」方面，他作育英才無數，桃李滿天下，更在柯尼斯堡大學做了兩次校長和五次哲學系主任，對於柯尼斯堡大學的校務發展，卓有貢獻。對於這樣一位天才型的哲學家和教育家，吾人對其肅然起敬，無限景仰。

# 8

# 裴斯塔洛齊　教育愛的播種者

## 一、前言

　　裴斯塔洛齊（Johann Heinrich Pestalozzi, 1746-1827）這一位西方近代教育史上偉大的教育家所散播的教育愛，深深喚醒世人對師道的重視。這位西洋平民教育之父刻苦辦學的過程，深深感動成千上萬的人們，紛紛追隨他的腳步。盱衡臺灣當今的教育界，師道之不彰，亟需以裴斯塔洛齊的言行主張為針砭，教師專業才會有更璀璨的明天。是以，先簡述裴斯塔洛齊的生平事蹟，再說明其教育思想，最後再闡述其生平事蹟與學說對教師專業與教學輔導教師制度的啟示。

## 二、生平事蹟

　　依據林玉体（1980）與田戰省（2011）的記載，裴斯塔洛齊的生平事蹟可以簡述如下：

### （一）貧窮但富有愛的成長背景

　　1746 年，裴斯塔洛齊出生於瑞士蘇黎世的一個醫生家庭，5 歲時，不事積蓄的父親英年早逝，家道中落，在貧窮困頓的環境中，幸賴勤儉堅毅的母親之教誨，以及一位忠心耿耿的女僕協助下，裴斯塔洛齊乃度過一個物質匱乏但充滿愛與溫暖的童年。

　　另一個對裴斯塔洛齊很有影響的人物，便是做牧師的祖父，由於常常跟隨祖父到教區各地探視農民，看到許多家徒四壁的貧苦家庭，心地善良的他，心中便油然而生同情的心；而看到衣不蔽體、孤苦伶

仃的兒童，更許下了日後發願辦理孤兒院以及教育窮人的志向。

裴斯塔洛齊 9 歲入初等學校就讀，畢業後順利就讀中學和一所學院。在大學時代，深受盧梭〈論人類不平等的起源和基礎〉、《社會契約論》、《愛彌兒》的思想啟蒙而投身政治改革的運動，但因其所參與的「愛國者協會」不見容於當局而被取締。裴斯塔洛齊在被短暫拘留，獲得釋放後，轉而投身他所認為救世救國的唯一之道──平民教育運動。

## （二）在失敗的經驗中學習

1769 年，裴斯塔洛齊與大他 8 歲、出身貴族的安娜女士（Anna Schulthess）結婚，夫妻有志一同，不以個人家庭幸福為滿足，反而化小愛為大愛，開始傾家蕩產辦理試驗農場以及農民教育工作，他們先在家鄉新莊辦了一個試驗農場，企圖改良農業生產技術，並向農民們推廣，藉以協助農民脫離貧窮無知的生活。但由於經費不足，過了幾年便難以為繼，以失敗告終。

試驗農場的失敗並沒有動搖裴斯塔洛齊濟世救人的心志。1774 年，在新莊農場的舊地，裴斯塔洛齊夫婦開始辦理孤兒院，收養了 50 多名貧苦無依、品學兼劣、身心殘廢等三種價值層次最低的兒童，並以無比的愛心，一方面結合農耕、紡織等勞動教育，另方面佐以讀、寫、算等基礎教育。孤兒院雖然對於學童的身體、知識以及道德上的成長有明顯進展，然而由於天災歉收、妻兒病倒等種種困難，只好於 1780 年結束六年的孤兒院教育事業。

為了總結 11 年來在平民教育做中學的經驗，裴斯塔洛齊在 1780

年寫了由許多教育格言所組成的論文《隱士的黃昏》（*The Evening Hours of A Hermit*），並在 1781、1783、1785、1787 年分別出版了長篇教育小說《林哈德與葛篤德》（*Leonard and Gertrude*）的第一至第四部。這兩本著作在歐美引起極大的回響，不僅提供第一手平民教育的實務經驗與反思，也激勵著無數的有心人士熱情投身於平民教育。

## （三）沈潛後重新再出發

在 18 年的沈潛之後，1798 年，裴斯塔洛齊受新建立的瑞士共和國政府的委託，在斯坦茨城籌辦一所公立孤兒院，專門收容 80 多名被戰爭摧殘的 5-10 歲孤兒。在極端人力物力匱乏下，裴斯塔洛齊把斯坦茨孤兒院辦得有聲有色。在愛的教育氛圍下，他與孤兒們形影不離，一起吃飯、一起睡覺、一起勞動、一起學習，他教導他們每一個讀寫算的科目，讓他們重新感受到社會的溫暖和愛，而收到很大的教育效果。很可惜的，這麼成功的教育經驗，竟在拿破崙入侵瑞士後，以強徵孤兒院作為軍隊醫院而戛然而止了。

1800 年，裴斯塔洛齊與一群志同道合者，在布格多夫創辦新式學校，包括小學和中學寄宿學校，並附設了教師訓練班，成為歐州第一所用現代方法教學的師範學院。在課程內容上，揚棄傳統的單一科目，引進了歷史、地理、音樂、美術、體育等多元課程；在教學方法上，扭轉傳統的講述背誦教學，改採實物感官教學、體驗教學、以及符合教學心理原則的「數字、形狀、語言」教學。

更重要的是，教育愛始終是裴斯塔洛齊辦學的主軸。有別於當時

的學校像「監獄」、像「心靈的屠宰場」，他的學校像一個家庭，而他本人就是每一個孩子的「爸爸」。他每日所食至為簡單，他的衣著簡陋不堪，但是他的教學認真執著，他的一言一行所表現的慈愛與安祥，在在具有愛的感染力。在「身教重於言教」的影響下，學校中的每一位教師都能以「愛的教育」為依歸，而學生們則能在一股溫馨感人的氛圍下，培養出愛人、愛社會、愛國家的道德情操。

## （四）辛勤播種者必歡欣收割

1803 年，就在裴斯塔洛齊辦學蒸蒸日上之際，瑞士政府卻突然收回學校土地，裴斯塔洛齊被迫轉往伊佛東繼續完成辦學理想，而往後持續 20 年的辦學階段卻是裴斯塔洛齊一生中最輝煌的時期，不僅學生慕名而來，絡繹於途，受教的對象有農民，也有貴族子弟，有瑞士本國學生，也有來自德法等國的留學生。由於辦學成效名揚海內外，遂引來世界各國的政要、教育行政官員、學者專家、民眾等，絡繹不絕地來到伊佛東，或做短期的觀摩與考察，或做長期的任教與學習，在考察或學成歸國之後，他們紛紛在其國內設立裴斯塔洛齊學校，而平民教育的理念與實務乃在世界各地迅速傳播，進而發揚光大。

然天下萬事萬物，往往難以避免盛極而衰的鐵律，裴斯塔洛齊所創辦的學校亦復如是。一方面由於裴斯塔洛齊年事日高；另方面學生中富家子弟日多，造成學校辦學方向偏離裴斯塔洛齊本人平民教育的理念；復由於校內同仁的內部爭端等種種辦學困境，乃造成學校最終於 1825 年關閉的命運。儘管如此，裴斯塔洛齊在平民教育的播種與

努力，已廣為世人所稱頌不已。

1825 年，裴斯塔洛齊已近 80 歲，他落葉歸根，回到事業的起源地──新莊。為了給世人做最後的服務，他老驥伏櫪地提筆完成他最後的一本教育著作《天鵝之歌》（*Pestalozzi's Swansong*），並以此書名象徵他即使年華老去，也願如天鵝般地引頸為世人高歌。

1827 年，裴斯塔洛齊安祥地離開他深愛的人世，為了紀念他對人類所做的貢獻，人們為他作了如下的墓誌銘：

> 在新莊，您是貧民的救主，
> 以《林哈德與葛篤德》教誨人民；
> 在斯坦茨，您是孤兒的慈父，
> 在布格多夫，您是新式小學的創始者，
> 在伊佛東，您是人類的教育家。
> 您是一個真正的人，一個真正的基督徒，一個真正的公民。
> 一切為人，毫不為己。
> 願您得到永遠的祝福！

## 三、教育學說

賈馥茗等人（2013）指出，裴斯塔洛齊的教育觀點，除深受盧梭自然主義思想的啟發外，也是他從事實際教育活動的心血結晶。其教育觀點主要有四：

## （一）順應自然的教育

強調以學生爲教育之本的重要性，力主順應自然的教育作爲，尊重兒童自然的本性，用以啟導兒童發展天賦能力與內在潛能，實現人盡其才的教育目標。

## （二）學校如家庭

「學校如家庭」是裴斯塔洛齊一生堅持的主張，學童就像是他的孩子，而他就是學童的父親。他愛學生，學生也回報以愛和感恩。

## （三）和諧發展的教育

裴斯塔洛齊主張的教育目的，在於培養德、智、體、群、美五育均衡發展健全的人，故以此作爲規劃教育內容的準則。

## （四）感官的、直觀的、漸進的教學原則

在感官的教學原則上，重視教導學童透過感官的運作來認識外界各項事物的作法。在直觀的教學原則上，不是教師能賦予學童任何能力，他只是查看是否有外力阻礙或擾亂自然的發展程序。在漸進的教學原則上，學習最好要從最簡單的開始，然後再逐步往複雜的方向前進。

## 四、對教師專業的啟示

嚴格的說，裴斯塔洛齊並不是一位教育理論家，而是一位教育實

踐者，也就是因為他是一位實踐力行的教育家，所以特別值得同是以實踐為本位的中小學教師們效法，而他最值得教師們學習的，還是他所不斷傳播的「教育愛」理念與實務。什麼是教育愛，是指價值層次愈低的兒童，愈需要老師的教導和關愛，特別是貧苦無依、品學兼劣、身心殘障的兒童，他們本身已遭逢不幸，更需要老師以無比的愛心教導這些兒童脫離貧窮、文化不利、身心機能等等的束縛，讓這些兒童的潛能都有充分發展的空間。不放棄任何孩子，把每個孩子都帶上來，誠為教育機會均等的真諦，也是教師工作的神聖意義與崇高價值。

教育愛誠為良師的基本條件，沒有教育愛，是不可能成為好老師的，但是只有教育愛，而沒有教育方法，還是很難成為一位好老師的。就以裴斯塔洛齊為例，他在課程設計上，引進了歷史、地理、音樂、美術、體育等多元課程，讓學童的多元智慧得以多元的發展；在教學方法上，他扭轉傳統的講述教學，改採實物感官教學、體驗教學等科學的教學方法；在班級經營上，他把學校營造成像家庭一樣的溫馨，讓兒童在安全的氛圍下，能夠如沐春風的學習。可見一位好老師必須在愛的情懷下，與時俱進，在課程設計與教學、班級經營與輔導等面向，不斷改善既有的技巧以及學習新的策略，才有可能在日新月異的教育環境下，勝任愉快，進而帶給學童最卓越、最先進的教育。

裴斯塔洛齊在道德教育上的重視也是很值得我們效法的，而要培養兒童良好的品德，必須先從教師的品德做起。「學為良師，行為世範」，如果教師沒有師德，本身就是壞榜樣，那是很難起好的帶頭作用。有了師德就必須以實際行動讓學生感受到教師對學生的愛，讓

學童體悟「愛與奉獻」乃是人世間最高貴的情操。之後，透過種種教育情境的設計與安排，讓學童直接觀察到種種合乎道德的行為，進而產生觀摩學習的效果。而對於社會上種種不公不義的現象，也要教導兒童在體察、理解其背景脈絡下，加以反思和批判，進而產生改造社會的熱情與行動力。總之，如何引領學童從「動物人」走向「社會人」，進而達成「道德人」的境界，是好老師必須努力的方向。

## 五、對教學輔導教師制度的啟示

　　裴斯塔洛齊的故事不但對中小學教師有所啟示，對於教學輔導教師制度更有所啟發。首先，教學輔導教師的遴選要首重師德，沒有師德難以為師，更何況是作為師傅教師的教學輔導教師。同樣的，教學輔導教師也要常常注意自己的一言一行是否符合師德的高標準，才能作為夥伴教師的模範。

　　其次，教學輔導教師要延伸教育愛的觀念，不但要對較容易輔導的初任教師和新進教師進行輔導，更要勇於承擔較為棘手的教學困難教師的輔導工作。佛家有云：「救人一命勝造七級浮屠。」對於處於危機中的教師能及時伸出援手，是何等的高貴和可敬。當輔導成功時，能把一位瀕於不適任險境，轉於適任的航向，其在教育上的附加價值是更高的。

　　再者，教學輔導教師和夥伴教師要營造一個家的概念。在彼此互相關懷、信任的關係下，彼此溫暖和諧的互動，便能在潛移默化中達到輔導的效果。我在教學輔導教師制度推動歷程中，曾親聞一位教學

輔導教師每天爲忙碌的初任教師準備一份早點，而其師徒關係似母女般的愉悅。另一位教學輔導教師則與其先生，一起陪著處於身心俱疲的夥伴教師，以看韓劇解憂，最後夥伴教師終能走出行政與教學兩頭燒所造成的困境。

另外，教學輔導教師要帶好夥伴教師，不但輔導內容要多元化，輔導方法也要多樣化。夥伴教師的需求也許在課程與教學上，也許在班級經營與親師溝通上，無論爲何，總要能滿足其需求；在方法上，可以是個別的，可以是團體的，更可以是學習社群似的；在互動方式上可以是即時性的，也可以是定期性的和計畫性的。但不論方法如何，教學輔導教師要能示範教學，讓夥伴教師產生社會學習的效果，以及提供學習的情境，讓夥伴教師在體驗中學習，並且即學即用，才能符合成人學習的原則。

## 六、結語

「哲人雖已逝，典型在夙昔。」裴斯塔洛齊這一位西方近代教育史上偉大的教育家，雖然已經離開我們近兩個世紀了，但是他的精神和典範永垂不朽。他所傳播的教育愛，還是那麼歷久而彌新，深深影響著當今的教育界，願學爲良師的我們，向裴斯塔洛齊的教育愛學習，透過教育愛的實踐，讓臺灣以及華人的教育界有更專業、更美好的明天。

# 9

# 福祿貝爾 幼兒教育之父

## 一、前言

　　幼兒教育之父——福祿貝爾（Friedrich Froebel, 1782-1852）是國內教育界耳熟能詳的教育家，他對兒童的熱愛以及在學前教育上的努力和成就，是非常值得教師們學習的好榜樣。是以，先簡述福祿貝爾的生平事蹟，再說明其教育思想，最後再闡述其生平事蹟與學說對教師專業與教學輔導教師制度的啟示。

## 二、生平事蹟

　　依據李園會（1997）、林玉体（1995）、趙祥麟（1995）的記載，福祿貝爾的生平事蹟可以簡述如下：

### （一）不快樂的童年

　　福祿貝爾在很小的時候，母親就過世了，繼母對他不好，父親是很忙碌的牧師，也無暇多照顧他。福祿貝爾在缺乏母愛的寂寞家庭中長大，遂養成內向孤獨、愛沉思的性格。

　　所幸故鄉杜林根的森林，帶給他一個與大自然為友的生長環境，讓他充分感受到與自然交往的喜悅。他常在森林中觀察自然界中的一草一木，思考人與自然的關係，而這種喜歡思考的習慣，固然來自從小獨處的經驗，但也來自得天獨厚的自然環境。

　　另一個深深影響福祿貝爾的係宗教信仰。由於生長在牧師家庭，在全家做早晚禱中，他便油然生起基督信仰的種子。小學讀的是教會

學校，在做禮拜、聽福音、詠聖詩中，他獲得心靈慰藉與精神層次的提升。再加上他鍾愛的舅舅也是牧師，與舅舅的四年生活中，不但讓他重獲家庭的溫暖，也讓他從福音和舅舅的證道中，充分體會耶穌基督為救贖世人而犧牲自己的偉大情操，並以此為人生奮鬥的圭臬。也正由於福祿貝爾的基督宗教信仰，使得福祿貝爾的教育思想帶有濃厚的神祕主義色彩。

## （二）斷斷續續的受教育過程

福祿貝爾在小學畢業後，因為家貧無法繼續讓他升學，他便在1797 年，15 歲那年離鄉背井跟一位林務官當學徒，可惜該林務官一方面由於工作忙碌，另方面由於不擅長教學，並沒有帶給福祿貝爾太多的東西。所幸，林務官豐富的藏書讓他專心研究數學、語言學、植物學等廣博知識，並養成日後自學的習慣。

學徒生涯結束後，因為要給在耶拿大學（University of Jena）攻讀醫學的四哥送學費的關係，讓他有在耶拿大學旁聽課程的機會。由於對大學生活的嚮往，在懇求父親後，終獲首肯進入耶拿大學主修自然科學，並且在校園生活中，受德國浪漫主義哲學大師謝林（F. M. J. Schelling, 1775-1854）、諾瓦利斯（Novalis, 1772-1801）等影響甚深。惟可惜的是，福祿貝爾在大二時因積欠學費和餐費，被關在大學牢房九週後，被迫中斷學業。

離開耶拿大學的福祿貝爾歷經喪父之痛，為了謀生，曾經擔任過林務局書記、土地測量員、農場會計及私人祕書等多個工作，過著生活動蕩不安的日子，但是福祿貝爾還是堅持自學的習慣，在哲學、

數學、自然科學、建築學等領域皆有所斬獲，並且能把握機會，先後入哥丁根大學（University of Göttingen）和柏林大學（University of Berlin）讀書和做研究。這約 3 年的研究時光，讓他充分獲得有關自然與人生的廣博知識，為他日後從事教育工作和學術研究奠定了紮實的基礎。

另一個和福祿貝爾成長經驗有關的，是他在 1813 年志願參與反抗拿破崙外族統治的解放戰爭，這場戰爭不但使得福祿貝爾的愛國熱忱和民族意識獲得發展，使其教育思想增添民族主義的色彩，也讓他在戰場中結交了兩位在未來教育事業上共同奮鬥的好夥伴─米登多夫（Wilhelm Middendorf）和朗格塔爾（Heinrich Langethal）。

## （三）邁向教育之路

福祿貝爾原本是想要當建築師的，但在法蘭克福攻讀建築學時，巧遇法蘭克福模範學校校長格呂納（Anton Gruner）。校長邀請他擔任該校教師兼校長助理的工作，福祿貝爾欣然接受，並從此以教育事業為人生使命。福祿貝爾以教育為志業的喜悅之情，在林玉体（1995-455）的書中有如下的記載：

> 我找到了我從未知道，但一直在尋覓，卻又時時迷失的工作，我終於發現了生命的本質，我感覺上有如魚在水中游、鳥在空中飛一般的幸福。

格呂納校長係斐斯塔洛齊的學生，他以斐斯塔洛齊的教育原則和

方法來辦學。由於想要向斐斯塔洛齊學習，福祿貝爾曾兩次到瑞士伊佛東參觀斐斯塔洛齊學校。第一次是在 1805 年開始任教時，但此次只短暫停留了 14 天。第二次是在 1808 年帶著兩名貴族子弟在斐斯塔洛齊學校既任教又學習，直到1810年才回德國矢志辦理教育事業。

1816 年，福祿貝爾辭去柏林大學礦物博物館的工作，也放棄擔任教授的榮譽，一心想要實現自己的教育理想。在兄長的協助下，在格雷新創設了「一般德意志教育所」，為哥哥的 5 位孩子從事所期望的教育活動。次年，學校搬到離格雷新不遠的開荷小農場，名為「開荷學園」，係德國農村寄宿學校的前身。由於在米登多夫和朗格塔爾兩位摯友的協助下，校務迅速發展起來，學生人數也日益增多。

就在校務蒸蒸日上的時候，不料 1819 年德意志聯邦內閣會議通過「卡爾斯巴法令」（Carlsbad Decrees），用於鎮壓德國國內民族民主運動。福祿貝爾的開荷學園受到壓迫，學生人數驟降，財政日益艱困，情況一天一天惡化。然福祿貝爾在困頓中，反而愈加奮發向上，於 1826 年發表了不朽名著《人的教育》（*The Education of Man*）。1831 年流亡瑞士，受盧塞恩邦政府的支持，成立斐斯塔洛齊學校，然因當地東正教會的反對，辦學成效並不理想。1834-1835 年受瑞士柏恩邦政府的委託，擔任布格多夫一所公立孤兒院的院長。擔任院長期間，使他有機會解決幼兒教育的種種問題，並且立下決心把他的教育思想用在年輕一代最早期、也是最具關鍵性的教育工作上。

## （四）從事幼兒教育工作

1836 年，福祿貝爾返回故鄉杜林根，開始設計一套符合其教學理論需求的遊戲材料—恩物（上帝給予孩子的禮物），以幫助和指導婦女們改進學前教育工作。1837 年，在勃蘭根堡開辦了一個「發展幼兒活動本能和自我活動的機構」，並於 1840 年將之命名為「德國幼兒園」，標記了世界上第一所幼兒園的誕生。他之所以名之為「幼兒園」（Kindergarten），係指幼童的花園。福祿貝爾將老師比喻為園丁，幼兒為花草樹木，而幼兒教育就是培育花草樹木自然生長的過程。

1843 年，福祿貝爾總結幼兒園工作經驗，並出版了著名的幼兒教育專著《慈母曲及唱歌遊戲集》（*Mothers Songs Games and Stories*）。由於幼兒園能符合當時社會需要，加上福祿貝爾不懈的努力，幼兒園在德國各城市如雨後春筍般地成立。惟可惜的，在 1851 年，普魯士政府對福祿貝爾幼兒園產生誤會，發出對幼兒園的禁令，使得福祿貝爾在晚年又遭遇一次嚴厲的打擊。1852 年，福祿貝爾與世長辭，其墓誌銘係詩人席勒的一句話：「來吧！為我們孩子而活！」

## （五）幼兒教育在世界各地開花結果

在福祿貝爾的學生 ── 白太男爵夫人（Baroness Berthevon Marenholtz-Biilow）等人的努力下，1860 年普魯士政府終於廢除了幼兒園的禁令。從此，福祿貝爾運動開始在德國以及全世界各地蓬

勃發展。在英國，由德國逃往到英國的隆格夫婦（J. & B. Ronge）於 1851 年設立第一所幼兒園。1870-1880 年代是美國福祿貝爾運動的全盛時期，全美各大城市紛紛成立幼兒園和幼兒園協會。在日本，1872 年由文部省以美國的福祿貝爾幼兒園為典範，成立東京女子師範專科學校附屬幼兒園。中國到了 1920 年代也開始辦理福祿貝爾幼兒教育，宣揚者之一便是中國幼教之父——陳鶴琴。很可惜的，福祿貝爾並無法看到他所種的種子已在全世界遍地開花結果。

## 三、教育學說

林玉体（2013）指出，福祿貝爾在幼兒教育方面的主張有三：

（一）教師應以兒童為本位，對兒童的教育，不應加以束縛、壓制，也不應揠苗助長，而是應當順其自然的本性，滿足其本能的需要。

（二）在「內在外在化」及「外在內在化」中，應以前者為優先：以上兩者固然可以相輔相成，但是「啟發」應重於「教學」，「引出」應重於「灌輸」。

（三）自然恩物最具教育價值：自然界中有取以不盡的材料，可以製作成玩具，這些玩具不但經濟省錢、不虞匱乏，而且可以引導兒童利用自然的知識與技巧。此外，環境（特別是自然環境）的設置，亦有其教育價值，是故幼兒園必須設置花壇、菜園、果園。

此外，許智偉（2012）指出，福祿貝爾的教育是一種以生活為

中心的教育。在生活之中，遊戲活動為其真實生活的絕大部分，是兒童的內在本能，尤其是活動本能的自發表現，也是幼兒時期最純潔、最神聖的活動。

## 四、對教師專業的啟示

綜觀福祿貝爾的生平事蹟與教育學說，有許多值得國內教師們學習的地方：

第一，福祿貝爾以教育為使命，具有強烈的教育熱忱。福祿貝爾雖然是在偶然間找到教職的工作，但從此便認定是他的天職，並以「如魚得水、如鳥飛翔」做比喻。同樣的，臺灣的教師們若能擇其所愛，愛其所擇，並且時時莫忘初衷，則自己所負責的教育工作不但會成功，而且會覺得那是令人樂此不疲的「甜蜜負荷」。

第二，福祿貝爾「來吧！為我們孩子而活！」的信念，也是非常值得我們學習的。相信臺灣的中小學和幼兒園的教師們，若能保有熱愛學生的赤子之心，當能鞠躬盡瘁，盡心竭力教導學生成為國家未來的主人翁。

第三，福祿貝爾不斷學習與成長的歷程是老師們的榜樣。福祿貝爾受限於家庭經濟情況，無法一路順利就學，便以自學克服逆境，一有機會，便到高等教育機構充實自己，奠定自己從事教育工作的根基。當了老師後，為了向斐斯塔洛齊學習，更兩度到瑞士求經，這種學習的動能，令人敬佩。同樣的，臺灣的老師們若能體會「不能以過去所學的知識，教導現在的兒童，適應未來的社會」之真義，當能立

足專業，永續發展。

　　第四，福祿貝爾具有在教育事業上愈挫愈勇的精神。福祿貝爾從事國民教育事業並不是很順利，常常因為個人的不擅於學校財政、或受政治迫害、或受宗教因素的干擾，而使得學校瀕於關閉的命運，但是福祿貝爾從不灰心喪志，反而愈挫愈勇，到處尋求支持與協助。而他的幼兒教育事業正要欣欣向榮之際，卻遭政府禁令之重擊，但是福祿貝爾也沒有因此垂頭喪氣，只是待機再起。同樣的，臺灣的老師們在教學時、在輔導學生時，一定也會遇到種種阻礙、種種困境，但是只要有信心、有毅力，堅持到底，永不放棄，一定會找到方法、找到解決的途徑。

　　第五，福祿貝爾重視夥伴協作、重視團隊的力量。福祿貝爾在教育事業之所以成功，除了因為他的宗教信仰以及個人不懈的努力之外，友人的協助也是功不可沒。他在反拿破崙戰爭中結識兩位志同道合的好朋友——米登多夫和朗格塔爾，而這兩位摯友後來攜手同心幫助他從事教育事業。可見單打獨鬥是很難成就大事業的，老師們如果能善用團隊的力量，和教育界的同儕一起打拼，不但工作更愉快，也會更有成就感。

　　最後，在福祿貝爾的教育思想中，「相信人性本善」、「順應兒童發展」、「引導重於灌輸」、「重視生活教育」、「強調遊戲的重要性」、「強調自然恩物的教育價值」、「重視學習情境的塑造」、「重視勞動教育」、「實施觀察體驗」等，還是相當具有現代的教育意義，值得臺灣教師們學習和參探。

## 五、對教學輔導教師制度的啟示

　　福祿貝爾的言行與學說對於國內教學輔導教師制度亦有許多啟示。我相信每個人在溫飽之餘，多在追求人生的意義。我個人何其有幸能於 1996 年在美國伊利諾大學香檳校區（University of Illinois at Urbana-Champaign）學習教學輔導教師制度，回國後以推動此一制度為志業，因為我深知教學輔導教師制度兼具我國薪火相傳的傳統，以及國外貴人啟導的理念，是一個用意至為良善的制度。而在國內推動近 20 多年來，我也確實發現國內有許許多多的資深優良教師能以擔任教學輔導教師為榮，並以此為使命或天職。

　　作為一位成功的教學輔導教師要具有以夥伴教師為中心的信念。在教育上我們常說：「學生第一」，而在教學輔導上，我們也可以將此一名言轉成：「夥伴教師第一」，因為要服務夥伴教師，才有教學輔導教師的必要，而帶好每一位夥伴教師確是教學輔導教師的天職。

　　作為一位成功的教學輔導教師要不斷地學習與成長，時時充實自己。因為一位教學成功的教師，不一定是一位成功的師傅教師。作為師傅教師，除了在課程與教學上不斷精進外，更要在教學輔導理論與實務、教師領導、人際關係與溝通、教學觀察與回饋上重新學習與成長。

　　另外，依我個人的觀察，光靠教學輔導教師個人的單打獨鬥，所發揮的功能還是相當有限，而一所辦理教學輔導教師制度有成效的學校，常是學校行政能充分支持，且教學輔導教師們能自動組成教學輔導團隊的學校，畢竟，個人的力量有限，而團隊協作的力量常可發揮

一加一大於二的整體戰力。

最後，教學輔導教師要有忍受輔導失敗、愈挫愈勇的心態。在輔導夥伴教師的過程中，因種種因素（例如：配對不當、互動時間不足、夥伴教師缺乏接受協助的意願等），有時會導致輔導成效不盡人意的結局。此時，教學輔導教師應有「凡事盡心盡力，結果交給上帝」的心念，釋懷、反思、再出發，進而重新開始另一個輔導歷程。

## 六、結語

福祿貝爾說：「教育無他，惟愛與榜樣。」哲人已逝，典型仍在。我們要學習福祿貝爾，愛學生、愛學校、愛人如己，活出愛的人生。並且時時刻刻，學為良師，行為世範，做學生、教師同儕的好榜樣。

# 10

# 杜威 實用主義的巨擘

## 一、前言

　　杜威（John Dewey, 1859-1952）是一位現代教育史上最有影響力的哲學家兼教育家，他所主張的實用主義以及躬身力行的實踐，深深影響世界各國的教育，他所提倡的「兒童中心論」、「教育即生活」、「教育即生長」、「教育即經驗的改造」、「做中學」、「五段思考法」等理念，對我國教師專業發展和教學輔導教師制度皆有啟示作用，值得國人加以參酌和應用。是故，先簡述杜威的生平事蹟，再說明杜威學說中，和教師專業發展與教學輔導教師制度較有相關性的幾個概念，以為吾人學習的對象。

## 二、生平事蹟

　　依據郭小平（1998）、田戰省（2011）的論述，杜威的生平可以簡述如下：

### （一）平淡而充實的童年

　　杜威於 1859 年 10 月 20 日誕生於維蒙特州一個農業小鎮——柏靈頓的一個普通家庭，父親曾當過軍人，後以雜貨生意為生，母親則為大家閨秀，很注重孩子的教育。杜威雖然生於一個普通家庭，但家庭溫馨和諧，帶給他平淡而充實的童年，特別是家鄉中的田野山林，他徜徉探索其間，培養了愛好自然、體驗生活的習性。

　　一個人的成就除了個人的努力外，也和時代的社會背景息息相

關。杜威的成長年代適逢美國內戰結束，民主蓬勃發展，經濟生產力獲得解放，學校入學人口激增，然而當時的公立學校仍普遍延續歐洲死記硬背的學習方式，他不喜歡這種教學方式，並認爲這種教學內容貧乏、教學方法呆板的教育，對於一個人的成長及其適應生活的素養並沒有太大的幫助。換言之，當時的教育環境與受教經驗，埋下了其後改革教育的種籽。

## （二）大學的求知與成長

杜威 15 歲從當地高中畢業後，便進入離家較近的佛蒙特大學（University of Vermont）。當時佛蒙特大學還是一個小型的學院，規模及教學水準並不高，杜威對主要學習課程，如希臘文、拉丁文、古代歷史、微積分等，因爲有許多是在高中就學過的，所以並沒有太大的興趣。他除了自行廣泛閱讀之外，還將注意力放在達爾文的進化論等生物科學上。到了大學的最後一年，杜威終於盼到了與其後所從事的職業相關的哲學課程。但杜威對柏拉圖（Plato, 427-347 B.C.）的《理想國》（*The Republic*）等古希臘哲學並沒有太大的興趣，倒是對於法國哲學家孔德（Auguste Comte, 1798-1857）的社會改良主義做努力的專研，爲其後關注社會、強調實踐的學說打下良好的基礎。

1879 年杜威從佛蒙特大學畢業並獲得學士學位，之後曾短暫當了兩年的中學教師，任教期間他持續專研哲學，並在任教的第二年，撰寫了一篇論文〈唯物主義的形上學假定〉，寄給當時美國唯一的哲學期刊《思辯哲學雜誌》（*Journal of Speculative Philosophy*），並

請求主編哈理斯（W. T. Harris, 1835-1909）的評論和指導。哈理斯給予很高的評價，並發表杜威生平的第一篇哲學文章，讓杜威受到很大的鼓勵，更決定了他一生努力的方向。

在 1882 年，杜威向一位親戚借了 500 美元作爲學費，進入約翰・霍布金斯大學（Johns Hopkins University）攻讀哲學和心理學的研究生課程。霍布金斯大學係群賢畢至、人才薈萃的新設大學，在這裡，杜威受到三位恩師的影響，奠定了其後爲學及從事教育改革的根基。

第一位是莫理斯（George Sylvester Morris, 1840-1889），莫理斯教授不但在生活上積極幫助杜威，使他獲得一筆獎學金，而且使他的學說轉向黑格爾主義，借助黑格爾（G. W. F. Hegel, 1770-1831）的辯證法，他融合了傳統哲學上難以克服的心靈與物質、主體與客體的二元對立，因此他的學說更有包容力和說服力。第二位是豪爾（Granville Stanley Hall, 1844-1924），豪爾教授所傳授的心理學課程，不但使他能從生物學和社會科學中吸取一些新概念來充實自己，而且也使他能以實驗這一個新工具，來驗證既有的理論教條。第三位是實用主義的宗師皮爾斯（Charles Peirce, 1839-1914），皮爾斯「實用主義」（Pragmatism）的觀點使得杜威得以跳脫黑格爾絕對唯心主義的束縛，因爲實用主義認爲世上並無一成不變、千古不易的眞理，而所有有價值的思想都要經過實際的檢核和考驗。信仰和觀念是否眞實，在於它們是否能帶來實際效果。

## （三）芝加哥學派與實驗學校的創設

　　1884 年，杜威受恩師莫理斯教授的邀請，到密西根大學（University of Michigan）任教，主授心理學與哲學方面的課程。杜威除認真授課與積極撰述之外，並主動與當地的中學有頻繁的接觸，接觸愈多，他愈發感受到中學教學內容的貧乏、教學方法的呆板，而改革的心也就愈發強烈。

　　另外，在這一段任教期間，不但是他走向教育事業的起點，他也認識了熱情活潑的艾麗絲·奇普曼小姐（Alice Chipman, 1859-1927），並結為連理。曾經也做過老師的奇普曼小姐，個性積極向上、有魄力，成為杜威教育事業上的一個助手和好夥伴。

　　1894 年，杜威轉任芝加哥大學（University of Chicago）。杜威所主持的該校哲學系，研究領域含括哲學、心理學與教育學，讓杜威的哲學思想有在教育領域上實踐的機會。經過杜威及系內同仁的努力，以實用主義為特徵的「芝加哥學派」（Chicago School）誕生了。同時，杜威在教育學上的研究成果亦相當豐碩，任教期間他完成了《學校與社會》（*The School and Society*, 1899）、《兒童與課程》（*The Child and the Curriculum*, 1902）這兩本專著，論述了他所主張的「學校即社會」以及「以兒童興趣為中心的課程與教學」之教育理念。

　　為了實踐他的教育理想，杜威及其夫人於 1896 年開創了一所其後名聞遐邇的實驗小學，但創校初期並不順利，透過杜威不斷的演講以及杜威夫婦的努力不懈下，學校辦學第一年雖只有 2 個老師、16

個學生，其後便逐年增加，到了 1903 年，學生則多至 140 人，教職員達 20 餘人。學校的辦學摒棄傳統的灌輸和機械訓練的教育方法，落實以兒童興趣爲出發點，從實踐中學習、從生活中學習的主張。學生不是按年齡分班的，而是按發展程度的不同來分組教學的。教學內容涉及多個領域，包括社會科學、自然科學、數學、語言、音樂、手工訓練、家政、體育等。教學的場域，除教室外，設有生物學和物理學實驗室、體育館、工場等設施。學校裡沒有考試，更沒有留級。這在當時的美國教育是非常進步的，對美國的教育也產生了很大的影響。

## （四）任教哥倫比亞大學

很可惜的，在 1904 年，杜威與芝加哥大學校長在實驗學校的管理上產生分歧，他憤而離職，辦學八年的實驗學校（又名杜威學校）戛然而止，杜威也轉任在紐約市的哥倫比亞大學師範學院（Teachers College, Columbia University）哲學系，在該大學任教了 30 多年，直至退休爲止。

杜威在任教哥倫比亞大學師範學院期間，由於認眞教學與指導研究生，桃李滿天下，我國著名教育家胡適、陶行知、蔣夢麟、郭秉文等，都是他的得意門生。此外，他潛心著書立說，發表《我們如何思維》（*How We Think*, 1910）、《民主主義與教育》（*Democracy and Education*, 1916）、《經驗與教育》（*Experience and Education*, 1938）等專書，對學術界有巨大的貢獻。在教學與研究之餘，他亦積極參與社會服務工作，是美國知名的「自由主義」（Liberalism）健

將，例如：協助成立紐約教師工會並擔任該工會的第一副主席達三年之久；一戰期間反對政府對社會主義者和反戰運動積極分子的迫害。杜威可以說是一位教學、研究與社會服務兼備的大學者。

## （五）在日本與中國的講學

杜威的哲學思想與教育主張在 20 世紀初便開始遠揚國際，但他從不是一位空守理論的學者，他是一位像墨子一樣的躬行實踐者和推廣者。首先，他應學生之邀，在 1919 年到日本講學三個多月，同年 4 月 27 日應北京大學胡適教授、北京大學校長蔣夢麟、以及南京高等師範學校校長郭秉文等的力邀，從日本到中國講學，長達兩年兩個月，足跡遍布大江南北，所到之處深受國人歡迎及感動，他共演講了 58 場，分為五個系列，演講集經收錄出版為《杜威五大演講》，共印行了近 10 萬冊之多。演講之餘，他經由沿途之深入考察，對中國的政治、社會、科學，特別是教育方面，提出了很多建言，對於中國之發展產生巨大影響，例如：中央政府於 1922 年所頒布的「新學制」，揭櫫以民主為教育基本原則以及採美式 633 的學制，即為明顯一例。

## （六）他的確是一位巨人

杜威離開中國回美國任教時，已是日暮之年，但他還是筆耕不輟，並熱心社會改造運動。他的物質生活從不算寬裕，但他的精神生活卻十分的富足。1930 年巴黎大學授予他名譽博士學位。1932 年哈佛大學授予他法學博士學位。同年美國全國教師協會選舉他為該協會

兩位名譽主席之一。1935 年，其仰慕者成立會員遍及美國與世界各地的「約翰‧杜威學會」（John Dewey Society）。1949 年杜威 90 歲大壽，世界各主要國家的通訊社都發了專稿，世界各地的政要、知名學者和教育家也都紛紛發來賀電或賀信。

1952 年 6 月 1 日，杜威在家逝世，留下約 40 部著作、700 多篇文章，更有無數的美國及世界各地的學者和教育家，在他的精神感召及思想啟蒙下，至今仍在傳揚他的思想，在熱情地實踐他的理論。偉大的教育家與哲學家杜威，確實是一位時代的巨人。

## 三、教育學說

杜威的教育思想至為淵博，本文限於篇幅，僅簡述國人較耳熟能詳的「兒童中心論」、「教育即生活」、「教育即生長」、「教育即經驗的改造」、「做中學」、「五段思考法」等六個教育思想。

在「兒童中心論」方面，杜威承襲教育家盧梭（Jean-Jacques Rousseau, 1712-1778）以兒童為中心的想法，大聲疾呼教育的重心應由成人為中心轉向以兒童為中心。他認為在教育上，「兒童是太陽」，就像地球會繞著太陽轉動一樣，一切教育的作為皆應以兒童為中心來組織、來發展、來改造。

依據許家琪（2011）的觀點，「教育即生活」係指學校教育應該與學生的生活經驗相連結，不能自外於社會生活而獨立自存；倘若教育與生活脫節，便喪失了其功能與價值。

「教育即生長」係指教育本身並無外在目的，如果有的話，唯一

的目的係在促進個體的健全成長，而教育的關鍵係提供適當的環境，引導個體往有價值的方向去發展，使個體的各種能力能不斷地滋長。

「教育即經驗的改造」係指教育是一個持續不斷的過程，過程中，藉由各種問題的解決，不斷地累積自身經驗，擴充知識與技能，提升適應環境的能力，進而發揮改造環境的力量。

「做中學」係指個人經由親自的參與以及實際體驗的學習，深化生活經驗，並有效達成經驗改造的目的。換言之，教育宜「知行合一」，甚至是從「行中求知」，在行動中完成知識與技能的充分發展。

據陳峰津（2011）的觀點，「五段思考法」係指問題的解決可經由下列五個有系統的階段：發覺疑難或問題、確定問題的性質、提出多種假設為可能解決方法或方案、推理或推演假設所應適用的事例、證實假設或重新提出一個新的假設。

## 四、對教師專業的啟示

杜威不愧為 20 世紀以來最具影響力的大哲學、大教育家之一。他的學說告訴我們，教育要以學生學習為中心，所有的課程與教學、所有的行政作為都要時時以學生的學習為念。如果沒有學生的學習，就沒有教師教學的必要；而沒有教師教學，就沒有行政領導的必要。「孩子第一」（kid is first），的確是教育界的至理名言之一。

教師教學的唯一目的既在幫助學生成長，而為了幫助學生健康、有用的成長，教師也要有終身學習的必要性，這也是教師為什麼迫切

需要專業發展的立論依據。畢竟，在當今多變、知識半衰期迅速縮短的教育環境，教師是不能夠，也絕不應該「以過去所學的知識，教導現在的兒童，適應未來的社會」。

師資的職前培育固應將「理論融入實務」，而教師的專業成長更應以經驗為中心進行學習，建構個人的教學實務智慧，這樣的學習才具有實用的價值。教師到研究所進修學位、聽學術演講、或者閱讀教育書籍，也許會幫助教師澄清一些理念，幫助教師充實一些先備知識。但是教師應把握每一個實務上的經驗，從親自參與及實際體驗中學習，也就是「以實踐為本位的教師學習」，這種教師學習是當代教師專業發展的主流思潮之一。

教師們的專業成長可以多樣化。他們會有共同的需求，而進行群體式的學習，但是由於每位教師都是獨立的個體，他們自然也會有個別的發展經驗與學習需求，所以教師們亦有必要從個人出發，進行「自我導向學習」（self-directed learning），從了解自身的經驗與需求開始，選擇適合個人的學習經驗內容，實地展開學習的歷程，以促進自我的革新與發展。

教師的學習既然強調經驗的重要性，是故「做中學、行中思」遂成為教師學習的最重要途徑。亦即教師個人能從實踐的過程中獲得知識與增長經驗，並培養主動探究的精神與反省思考的態度，從反省思考中改進與深化教學經驗，並達成終身學習的目的。

教師的學習也常是問題解決的歷程。每一位教師必然會在教學歷程中遇到各式各樣的問題。問題並不可怕，可怕的是教師沒有發現問題、解決問題的意識和能力，這時杜威的「五段思考法」便是非常有

用的工具，它可以幫助教師解決問題和促進專業成長。杜威的「五段思考法」，其實便是當代科學研究，特別是行動研究的濫觴。

教師從事學習的目的固然在適應教職的環境，但亦應有改造教職環境的義務。就像杜威身先士卒地負起改良社會的使命，每一位優秀的教師不應獨善其身，而要發揮教師協作與領導的作用，引導同儕一起進步與成長，以及促進學校的革新與發展，達成「自發、互動、共好」的教育理想。

## 五、對教學輔導教師制度的啟示

教學輔導教師制度是當前臺灣教師專業發展的機制之一，其目的係在透過資深優良教師的夥伴協作，攜手教師同儕，共同專業成長，進而提升學生的學習成效。杜威的言行與思想，對於教學輔導教師制度亦有諸多的啟示。

首先，杜威之「篳路藍縷，以啟山林」的精神，非常值得吾輩所學習。就我個人而言，本人從 1999 年參與開創國內的教學輔導教師制度迄今已有 20 多年了，開創初期也是不容易的，多年的投入，才能有今日的略有小成，未來能否守得住並發揚光大，能夠成為國內各學校普遍推動的制度，除了機緣之外，有待更多教育界人士的協同努力。

其次，教學輔導教師制度是一個「貴人啟導」的機制，就像杜威受到三位恩師的影響，才能奠定其後為學及從事教育改革的根基。同樣的，教學輔導教師能夠作為受啟導的夥伴教師之良師益友，是一件

既光榮又有福報的工作。是故，在教學輔導教師的培訓課程中，我常勉勵學員們要「把愛傳下去」，在教學生涯中，最少要帶好三位夥伴教師，才不虛此生。

再者，教學輔導教師制度要特別強調「鼓勵的力量」。就像杜威之所以從事哲學事業，和《思辯哲學雜誌》主編哈理斯先生對他的鼓勵和肯定有關，教學輔導教師制度也要特別強調肯定與鼓勵所能帶來的正向力量。不但行政人員要肯定教學輔導教師對於夥伴教師的付出，教學輔導教師也要及時給予夥伴教師肯定和鼓勵，讓夥伴教師有信心和動力應付教學環境的挑戰。

至於在教學輔導實務方面，教學輔導教師對於夥伴教師的輔導要特別強調以夥伴教師為中心的信念，時時關心夥伴教師，處處以夥伴教師的需求進行教學輔導工作。以夥伴教師的利益為自己的利益，以夥伴教師的成就為自己的成就。這樣的良師益友不但能感動夥伴教師，而且也示範了「以學習者為中心」的理論與實務。

既然教學輔導歷程要以夥伴教師為中心，而每一位夥伴教師都是獨立的個體，他們自然會有個別的發展經驗與學習需求，所以教學輔導教師對夥伴教師宜實施個別化的輔導計畫。計畫中要引導夥伴教師了解自身的經驗與需求，選擇適合個人的學習經驗內容，訂定個人式的專業成長計畫，展開自我導向學習的歷程，以促進自我的革新與發展。

教學輔導教師在輔導時亦宜實施「實踐本位的教師學習」。教學輔導教師不但可示範、傳承自己的教學經驗，而且也可以透過自己的人脈，讓夥伴教師觀摩其他校內外優秀教師的教學經驗，並鼓勵夥伴

教師在自己的實際教學情境中，加以反芻與應用，並做深度的反省和思考。經由這種「做中學、行中思」的歷程，將可建構出自己的教學實務智慧。

最後，教學輔導教師要培養夥伴教師解決問題的習慣與能力。「與其給他魚吃，不如教他怎麼釣魚」，是一句至理名言，也是非常適用於教育界上的師徒制。是故教學輔導教師可以教導和示範杜威的問題解決術，並鼓勵夥伴教師自我覺察與解決自己的教學問題與困境。從解決教學問題中，不斷增益與強大自己的教學能力。

## 六、結語

杜威誠為人類航路的燈塔。他所散發的巨大光芒，引領著教育學者繼續發揚其實用主義的微言大義；他所倡導的教改呼聲，喚醒著教育實務人員走向正確光明的教育大道。「哲人雖已遠，典型在夙昔。」其「立德、立言、立功」確已三不朽。這樣的巨擘型人物，實為人類的瑰寶，更如泰山北斗般，為世人所景仰。

# 11

# 施泰納 華德福教育之父

# 一、前言

魯道夫‧施泰納博士（Rudolf Steiner, 1861-1925）是一位天才型的人物。他多才多藝，在哲學、教育、醫學、科學、宗教、經濟學、農業（生物動力法）、建築、戲劇、韻律藝術等領域，都有傑出的貢獻。他所開創的華德福學校（Waldorf schools）之另類教育，全世界已有一千多所，盛行於五大洲，可說是 19-20 世紀偉大的教育家之一，有非常值得介紹的必要。是故，先略述其生平事略，再說明其教育思想，最後再闡述其生平事蹟與學說對教師專業與教學輔導教師制度的啟示。

# 二、生平簡述

依據 Lindenberg（2014）、Rudolf Steiner Web（2023）、Wikipedia, the free encyclopedia（2023）的論述，施泰納的生平可以簡述如下：

## （一）平凡的家庭，不平凡的學習經驗

施泰納於 1861 年 2 月 27 日出生於奧地利克拉耶維茲（Kraljevec）的一個鐵路職員之家，他的父親約翰‧施泰納（Johann Steiner, 1829-1910）是一名認真勤奮的鐵路報務員，母親弗蘭齊斯卡‧布利（Franziska Blie, 1834-1918）是一位沉默寡言的家庭主婦。由於出身貧困，從小就過著相當簡單的生活。家中沒有書架，更別說是書

櫃，所幸父親相當重視教育，認為教育是脫貧的最佳途徑，所以施泰納自小就接受相當完整的教育。

施泰納從小就表現出優異的學習天賦。雖然因為父親常調職，一家居無定所，但是因為施泰納天賦優異，加上勤勉好學，且父親在家自行教育，施泰納從小學業表現相當不錯。同時，亦因為父親職業的關係，一家人必須常年住在車站裡，每天看著列車進進出出、聽著信號和電報機發出的聲響，使得他從早年就能體驗科技進步的力量。

施泰納好學深思的態度，從小就可看出端倪。8 歲的時候，施泰納在上校長甘格爾的「課後輔導」時，發現了一本可以借閱的幾何學的書，他自述道：「我不可自拔地栽入這本書的世界中，有好幾個星期以來，全部的精神都為全等、相似三角形、相似四角形、相似多邊形而全神貫注；我絞盡腦汁想著兩條平行直線究竟在哪兒相交的問題；畢氏定理令我心神嚮往。」（Lindenberg, 2014-13）另外，從學習幾何學的過程中，也讓他領悟到思想界的真實性可以視同物質界的真實性；「看得見的」實體與「看不見的」靈性都是真實存在的，而且後者可以主宰對前者的接收與轉化。

1872 至 1879 年，施泰納一方面因為家境的關係，另方面因為從小就接受科技的薰陶，父親安排他就讀納也納新城的一所實科中學。他在本身的功課之餘，仍努力不懈地自學幾何學和微積分，並在自然科學方面獲得極佳的啟發；另在 16、17 歲時，就已開始研讀康德（Immanuel Kant, 1724-1804）的哲學巨作。施泰納在數學上有所訓練，再加上哲學的研究，使他重視透澈的思想、相信思想界的存在，並進而尋求思想與神學之間的和諧關係，為其後走向「神智學」

（theosophy）與「人智學」（anthroposophy）的濫觴。

　　由於施泰納功課好，自從升上中學三年級時便成為「優秀生」，這意味著他的父母不需再為繳納學費所苦。但從 1876 年 10 月起，施泰納必須定時為同學教授數學與自然的輔導課，不過這堂輔導課對施泰納本身也是意義重大：「我由衷地感謝這堂輔導課。我在課堂上將所學內容去教導他人的同時，或多或少也引發了自身對這門科目的興趣」（Lindenberg, 2014-8）。畢業時，施泰納不僅畢業考取得「優等」的成績，更達到申請獎學金的標準。

## （二）多彩多姿的大學求學與工作

　　在 1879 年 8 月 1 日，施泰納的父親調往維也納附近的小火車站，以方便兒子在維也納就學。施泰納也順利申請到獎學金，前往著名的維也納理工學院（Vienna Institute of Technology）就讀。18 歲的施泰納初來乍到維也納，除了學校之外，他的去處只有書局；在開學前的兩個月，他全然埋首於德國唯心主義的書籍之中。施泰納希望從費希特（Johann Gottlieb Fichte, 1762-1814）的知識論中釐清經驗與思維的關係，同時，他對費希特所假設的人類本性中的「吾」特別感興趣，因此他將「吾」這個主題納入探究的重點。後來，施泰納得以各種可能面向印證超驗的「吾」之存在，例如：他指出，在感官的世界中，因為光照在物體與色彩上，現象可以被看見，但是人們看不見光本身。同樣的，「吾」的展現也有類似的狀況，「我們無法得知『吾』是什麼，只能知道『吾』做了什麼。『吾』透過其活動而存在。」（Lindenberg, 2014-xxi）他又說：「教育的最高使命，是掌握

超驗自己，讓這個『吾』同時成為『吾』的『吾』……若缺乏完整的自我理解，就絕對無法學會真實地理解他人。」（Lindenberg, 2014-25）

從 1879 年到 1883 年，在維也納理工學院，施泰納潛心修讀了數學、物理、化學、植物學、動物學、礦物學、自然歷史等課程，而且作為一名被正式錄取的學生，他可以旁聽他喜歡的任何講座，無論是在他就讀的學院還是附近著名的維也納大學或者維也納醫學院，他充分利用了這個難得的學習機會，不但選讀了有關哲學、文學和歷史的講座，也旁聽和閱讀了許多有關精神醫學和人體解剖學的書籍。透過多方面深入的學習與廣泛地吸取新知，為他日後在多領域的天才表現奠定基礎。

在大學裡，對施泰納影響最深的老師，是教方言學與民俗學的卡爾・尤利烏斯・施勒埃爾教授（Karl Julius Schröer, 1825-1900）。施勒埃爾是歌德（Johann Wolfgang von Goethe, 1749-1832）迷，也是《德國國家文學》歌德戲劇的編輯。在施勒埃爾的影響下，施泰納在課餘之暇，大量閱讀古典與浪漫時期的文學，特別是歌德的著作，讀後讓施泰納內心澎湃不已，深信歌德時期為德意志靈性生活的巔峰。

在 1882 年，施泰納大四那一年，施勒埃爾教授因為賞識施泰納的科學能力，乃將施泰納推薦給新版歌德作品集的主編約瑟夫・庫爾施納（Joseph Kurschner, 1853-1902）。庫爾施納邀請施泰納擔任該版本的自然科學編輯，這對於仍沒有大學學位和豐富經歷的年輕學生來說，是一個千載難逢的學習與工作機會。

在歌德的著作閱讀上，施泰納深深體悟歌德係一位能夠深刻感

知精神本質的哲學家，但是現有的哲學理論並沒有說明這種現象，而且由於歌德本人從未明確表達他的人生哲學是什麼，施泰納乃致力填補這一方面的缺漏，於是他在 1886 年出版了《歌德世界中隱含的知識理論》（*The Theory of Knowledge Implicit in Goethes World Conception*）一書，對於科學哲學的發展有所貢獻。

另外，在 1884-1890 年間，施泰納為了維持生計，在棉花進口商拉迪斯勞斯‧施佩希特（Ladislaus Specht, 1836-1905）家擔任四個孩子的私人教師，其中一個最小的孩子患有腦積水，有嚴重的學習障礙。施泰納成功幫助他完成學業，並得以進入醫學院就讀，很可惜的這個孩子在第一次世界大戰中過世了。施泰納對這個家教工作很是用心，他說（Lindenberg, 2014-30）：

這份教養任務成了我豐富的學習資源。課堂上必須採用的教學實務開啟了我對人身、心、靈關聯性的認識。這段時間，我完成了生理學與心理學的學業，我察覺到將教養與課程規劃成為一門以真正的人之認知為基礎的藝術之必要性。我小心翼翼地遵循經濟原則，為了讓整個課程內容的架構可以在最短的時間內，以最經濟的心力負擔，讓小男孩能夠達到最佳的學習成效，我常常要為半小時的授課，準備長達兩個小時。

## （三）忙碌的哲學家和作家生涯

1890 年，由於他在歌德作品集的編輯經驗和成就，施泰納受邀

在德國魏瑪（Weimar）的歌德檔案館擔任編輯。雖然他非常不喜歡館長伯恩哈德·蘇方（Bernhard Suphan, 1845-1911）的嚴密管理風格，但他還是一直留任到 1897 年為止。7 年的檔案館工作，除了對五卷歌德科學著作進行介紹和評論之外，施泰納還寫了歌德的《世界觀》（*Goethe's Conception of the World*）（1897）。在此期間，他還參與哲學家亞瑟·叔本華（Arthur Schopenhauer, 1788-1860）以及浪漫派小說家讓·保羅（Jean Paul, 1763-1825）作品集的編輯工作，並為各種期刊撰寫了大量文章。

在 1890 那一年，施泰納開始著手撰寫博士論文。1891 年，以《認識論的基本問題，特別考慮費希特的認識論：對哲學意識本身的理解的序言》（*The Fundamental Question of Epistemology with Particular Consideration of Fichte's Doctrine of Knowing: Prolegomena to the Understanding of the Philosophical Consciousness of Itself*）申請德國羅斯托克大學（University of Rostock）哲學博士，並於當年 10 月 26 日通過口試，順利獲得博士學位。他的博士論文於 1892 年修訂，並更名為《真理與科學》（*Truth and Science*）。認識論，或者討論我們如何知道我們所知道的哲學理論，是施泰納終生關注的研究領域。

在 1981 年的秋天，施泰納開始著手編寫他的哲學代表作《自由哲學》（*The Philosophy of Freedom*），這本書主要闡明人具有創造性的自由，它一半是認識論，一半是倫理學。在認識論上，它反對感官和思維分裂的二元論，強調經由觀察和思考的統合，才能形成真正的知識；在倫理學上，它著重由道德想像力引發道德律令來行動。這

本書於 1893 年出版，是一部很有系統性、高度原創的作品，很可惜的，在當時的學界和社會大眾對這本書，並沒有給予應有的關注和評價。

在 1896 年，在施泰納婉拒了伊麗莎白・弗斯特・尼采（Elisabeth Förster-Nietzsche, 1846-1935）所提出協助整理瑙姆堡（Naumburg）尼采檔案館的提議後，伊麗莎白把施泰納介紹給她的哥哥——哲學家弗里德里希・尼采（Friedrich Nietzsche, 1844-1900）。在第一次見到尼采時，施泰納深受感動，那次的探訪經驗，促使斯泰納開始研究尼采，進而受到其悲劇精神和超人學說的啟發，隨後寫下了《弗里德里希・尼采，自由鬥士》（*Friedrich Nietzsche, Fighter for Freedom*）一書。這本書曾短暫流行於學界和公眾。

1897 年，施泰納離開魏瑪檔案館，遷居柏林。在柏林，施泰納活躍於詩人和作家之間，他接任了一家文學雜誌的主編和主要撰稿者。他每週都會去幾次劇院，撰寫大量戲劇評論，並評論從科學到文學的各種新書。1899-1904 年，他還受邀在馬克思主義無產階級教育學院（Workers' School of Education）講授歷史和做公開演講。他很受學生歡迎，聽課的人也很多，儘管他從一開始就對該學院的管理階層清楚表達，他不贊同卡爾・馬克思（Karl Marx, 1818-1883）的歷史觀。

## （四）從神智學到人智學，轉型和超越

1902 年，施泰納在他 41 歲時加入神智學會（Theosophical Society），並作為神智學在德國的主要發展者，此舉讓幾乎所有認

識他的人都感到驚訝。在許多人看來，科學的進步已經使所有形式的宗教過時的時候，當時少有知識分子關注靈性的議題。但事實證明，魯道夫從 7 歲所發生令人驚愕的奧祕經驗（感知到母親的姊妹以悲慘的方式結束生命）時，就一直對靈性感興趣，他常感到無人可以討論靈性的孤獨，直到他被邀請加入神智學會之後，他才找到宣洩的出口。

施泰納之所以加入神智團體，起源於 1899 年，施泰納發表了一篇名為〈歌德的祕密啟示〉（Goethe's Secret Revelation）一文，文中討論了歌德童話《青蛇與美麗的百合》（*The Green Snake and the Beautiful Lily*）的奧祕本質。這篇文章獲得布羅克多夫伯爵和伯爵夫人（Count and Countess Brockdorff）的激賞，並邀請他在一次神智學家聚會上，就尼采為主題發表演講。之後，施泰納繼續定期向神智學會的成員發表演講，並於 1902 年成為新成立的德國分會的負責人，但從未正式加入該學會。到 1904 年，施泰納才被神智學會的領導人安妮‧貝贊特（Annie Besant, 1847-1933）任命為德國和奧地利神智學分會的領導人。

但是，與當時主流神智學相反的，施泰納尋求建立一種基於歐洲文化的哲學和神祕傳統的西方靈性方法。在施泰納的領導下，神智學會的德國分會迅速發展。在此期間，斯坦納保持了一種獨創的方法，並用他自己的術語取代了神智學會的術語。這種差異和其他差異，特別是對查爾‧李特比特（Charles Webster Leadbeater, 1854-1934）與貝贊特所共同聲稱，印度男童克里希那穆提（Jiddu Krishnamurti）是新彌勒或耶穌基督的再臨的異議，導致了 1913 年的正式分裂，當

年施泰納和神智學會德國分會的大多數成員自組一個新的團體，即人智學會（Anthroposophical Society），開始進入人智學研究與推廣的輝煌時代。從此，強調人本身具有超驗能力，可以超越感官來獲取知識與智慧的人智學，開始廣為人知。

## （五）天才的展現，多領域的卓越成就

從 1910 年至 1916 年這段期間，有兩方面的發展，突顯出施泰納將人智學應用到藝術上的才華。其一，是以戲劇表演方式反映一群人內在生命、奮鬥與失敗的故事，為此施泰納創作了四個具有人智學特色的神祕劇劇本，並將它們搬上舞台。其二，是「優律思美」（eurythmy）的創作——在人智學的理念下，發展出的身體律動藝術。一次世界大戰期間，優律思美已逐漸發展成熟，足以搬上舞台表演。1919 年 2 月 24 日優律思美在蘇黎世首度公演，不久便陸續於荷蘭、德國、英國、奧地利和捷克等地演出，逐漸為優律思美贏得一群為數不多卻忠實不渝的觀眾。

施泰納為了戲劇表演的需要，乃促發了建造一座大型劇院的願望，這種願望為施泰納提供了在建築才華方面發揮的空間。1914 年，他在瑞士巴塞爾（Basel, Switzerland）附近的多納赫（Dornach）開始建造第一座「歌德館」（The Goetheanum），起初由於人智學會員的出錢出力，工程進行地相當順利，其後歷經第一次世界大戰期間的千辛萬苦，才於 1919 年完工啟用。該館係底座為混凝土結構，上層為木頭製成的宏美建物。引人注目的原創設計包括兩個相交的圓頂，內部採用精心手工雕刻而成。沖天爐的內部使用了施泰納本人特

別調配的天然油漆進行了塗漆。很遺憾的，該館在 1922 年除夕夜被縱火焚毀，在 1928 年（施泰納去世三年後）才重建完成，材質是由澆築混凝土所建成的藝術殿堂。他的設計理念啟發了「有機建築」（organic architecture）運動。

1919 年，為了應對戰後德國的災難性局勢，作為一位知名的公眾人物，施泰納開始致力於創造和宣揚社會復興思想，亦即透過建立文化、政治和經濟三元社會秩序（threefold social order），來進行廣泛的社會改革。他主張文化、政治和經濟這三個領域在很大程度上是需要獨立的，彼此相互監督和制衡，以一方面避免極權的產生，另方面經由三者的相輔相成，促使社會更加健康和進步。他認為在文化領域宜強調生活（藝術、科學、宗教、教育、媒體）的自由；在政治領域必須以平等為準則，並保護人權；在經濟領域，就需要生產者、分配者進行非強制性的互助合作，以有效地符合人民所需。施泰納的這一三元運動思想，在歐洲獲得若干正面的回應。一些有意合作的企業和組織，試圖在現有地方結構的情況下，實現三個領域之間的平衡。此外，施泰納所主導的三元運動，也間接造成了其後舉世聞名的華德福學校之誕生。

1919 年秋天，三元運動的共同發起人暨人智學會員埃米爾·莫爾特（Emil Molt, 1876-1936）是經營華德福─艾斯托利亞香菸工廠的業主，他為了工廠工人子女的教育需求，特別邀請施泰納創立一所新學校，而十年前就寫了一本關於教育改革的小書《兒童教育》（*The Education of the Child*，書中描述了兒童發展的主要階段，這些階段構成了教育方法的基礎）的施泰納熱情地接受了這項邀約。於

是施泰納在斯圖加特（Stuttgart）創立了「自由華德福學校」（Free Waldorf School），這係是德國第一所綜合學校，接納所有適齡兒童。該校由施泰納領導直至去世；該校迄今仍存在，現位於豪斯曼街（Hausman street）。

　　為了符合辦學許可，施泰納在百忙中抽出時間招募了十幾名教師，並進行密集的教師培訓。施泰納依人智學的觀念，制定了課程和教學法，培訓了教師，然後在他的日程安排允許的情況下，繼續擔任校長。因為工作忙碌，在接下來的五年裡，他只能訪問學校大約 20 次，但每當他在學校時，他全神貫注，參觀班級，指導教師，有時主持教職工會議，一直持續到凌晨二點才結束，會中他們認真討論了每一個問題，例如：學校管理、問題學生、補救計畫和課程等方面。這所學校從一開始就以作為一所模範學校為目標，由於辦學方向正確，加上全體教職員工的戮力同心，因此辦學非常成功。三年之內，又有五所學校處於規劃階段，施泰納在國際上演講以支持新學校運動。今天，全世界有超過一千所華德福學校，使用施泰納與第一所學校的老師一起制定的基本課程和教學原則。

　　施泰納除了在上述政治、教育、藝術、建築等領域有卓越的成就，另外在醫學、農業和經濟等領域，亦皆有進一步的創意發揮。在醫學方面，現在整個歐洲有幾十家診所和小醫院按照他的見解進行實踐「人智醫學」（anthroposophical medicine），還有一所培訓醫生的大學（The University of Witten/Herdecke）和兩家製藥公司（Weleda 和 Wala）生產他所用的數百種藥物發明。在農業方面，他開創了有機、可持續農業，如今成千上萬的農場都採用他的方法經營。在經濟

學方面，他提出了對歐洲經濟進行根本性重組的提議，該提議至今仍被視為一項新穎有效的見解。

## （六）在被迫害中仍勤奮工作的晚年

在第一次世界大戰後，國家社會主義德意志勞工黨（即納粹黨）在德國獲得了強大的力量。由於施泰納早期對猶太人同情的言論，1919 年，納粹運動的政治理論家迪特里希・埃卡特（Dietrich Eckart, 1868-1923），開始攻擊施泰納，並暗示他是猶太人。1921 年，阿道夫・希特勒（Adolf Hitler, 1889-1945）在多方面攻擊施泰納，包括指責他是猶太人的工具，而德國的其他民族主義極端分子，也因為施泰納建議在波蘭和德國都聲稱擁有主權的上西里西亞（Upper Silesia）給予臨時獨立地位，而呼籲對施泰納開戰。同年，施泰納警告說，如果國家社會主義者上台，它將對中歐造成災難性影響。1922 年，施泰納在慕尼黑的一次演講中被暴力分子攻擊。1923 年慕尼黑啤酒館政變導致施泰納放棄了他在柏林的住所，並誓言如果希特勒的納粹黨在德國得勢，他將永不再踏入國門。

哥德館在 1922 年除夕夜被縱火焚毀的事件，對施泰納的身體狀況造成相當大的打擊。「施泰納博士那張嚴肅的臉上往常時時揚起充滿年輕活力的爽朗笑聲、敏捷輕盈的動作、具有節奏性的步伐——沒有人能像他那樣走路；在那場深夜大火之後，全都再也看不到了……他勉力振作，保持直挺的姿態，跨出的每一步都是如此艱辛。」（Lindenberg, 2014-153）

從 1923 年開始，施泰納身體出現愈來愈虛弱的跡象。儘管如

此，他仍抱病繼續四處旅行演講。尤其是在他生命快結束的一、兩年時，他經常每天為同時進行的課程進行兩場、三場甚至四場講座。其中許多講座都側重於生活的實際領域，例如：教育。不幸的，一代天才施泰納在憂思與病痛中於 1925 年 3 月 30 日在瑞士多納赫逝世。他發表的作品有 350 部之多，他在各領域的卓越成就是舉世所景仰的。

## 三、教育學說

華德福學校（Waldorf school）的教育理念和課程教學，係以施泰納的人智學教育學為基礎的。人智學是關於闡明人具有超驗能力，可以超越現象和感覺的智慧，它探討人的本質以及人與宇宙的互動關係。人智學教育學則為一種人的教育、活的教育，強調在教育過程中，所關注的對象是「人」，而作為人的每個個體都是獨特、有差異的，所以對於教育的需求自然有所不同，為了使每個人都獲得最大的發展可能，要設計不同的教學以適應個別差異（許盈惠，2010）。

梁福鎮（2008）指出，人智學教育學所主張教育的目的是在培養一個身、心、靈和諧發展，達到善、美、真的理想，懂得感謝、具有愛和自由的人。此種教育目的論，不但可以補充傳統學校注重紀律訓練，忽略學生自治精神的不足，而且能夠糾正當前學校注重學生身體和心靈，忽略精神層面教育的缺失。

在教育階段論上，人類的教育可以分為「換牙期前」、「青春期」、「青年期」等三個階段：滿 7 歲（換牙期前）的身心發展程度開始適合接受學校教育，滿 14 歲（青春期）時，身心發展的特徵為

「性成熟」，個人內在的精神與心靈世界開始覺醒，抽象思考、獨立判斷的能力也開始成長，到了 21 歲（青年期）時，個體各方面皆漸成熟，能自我負責且具成熟社會能力的人格。是故，作為一位老師，要全盤了解個體生長發展的節奏，來提供成長時有意義的支持，從而使學生能健康成長（許盈惠，2010）。

至於人智學教育學主要的教育理念有下列八項：(1) 主張經由圖畫的學習，培養學生審美的能力；(2) 強調「做中學」（learning by doing）的觀念，透過動手操作，進行學習的活動；(3) 鼓勵生動活潑的教學方式，引起學生學習的興趣；(4) 重視社會能力的發展，培養學生適應社會生活的能力；(5) 配合課程、教學的實施，提倡生活導向的教育；(6) 追求人類與世界的理解，主張以新的觀點去嘗試；(7) 強調學生「情緒智能」（emotional intelligence）的培養；(8) 注重精神敏感性和精神運動性的發展，經由優律思美，促進學生精神性的開展（許盈惠，2010；梁福鎮，2004）。

## 四、對教師專業的啟示

綜觀施泰納的事蹟與思想，有許多值得臺灣教師學習的地方。首先，教師要有好學不倦的態度，能善用各種學習機會，在各領域進行博雅的學習。學習內涵是自然科學與社會人文科學並重、科技與人文兼修，才能滿足現今十二年國教新課綱素養導向教學所強調的跨領域教學的需求。

教師的學習固然可以經由正式課堂的學習，更可以透過自學的方

式來充實自己。「自主學習」（self-learning）又稱自修，是指自己對自己設立並實行個人教育計畫，是學習的重要途徑之一，這可從施泰納在哲學上的學習歷程，便可看出其重要性。是故，作為一位現代的教師要選擇自己感興趣領域，做長程的規劃與自主學習。

在教師學習中，除了吸收新知之外，「反思」（reflection）也是一個必備的功夫。就像施泰納除了好學之外，更保有深思的習慣，才能培養出不凡的才學。在學習上，唯有深思才能「化智成慧」，亦即把知識轉化為自己的智慧，而有了智慧，才能在待人接物上表現恰如其分的行為舉止。孔子說：「學而不思則罔，思而不學則殆。」便是同樣的道理。

從施泰納在早年私人教師的教學經驗中，我們也不難發現，教師的學習基本上是一種「實踐本位的教師學習」。也就是說，教育理論固然很重要，但是如何在教學實務經驗中學習才是更重要的途徑。「做中學，行中思」誠為教師學習的最重要途徑之一。

在學有所成之後，教師要立志當學生生命中的貴人。就像施勒埃爾教授是施泰納生命中的貴人，對施泰納無論在學問上或者工作上皆產生巨大的影響力。同樣的，教師要以做學生生命中的貴人為職志，不但要啟迪學生的學習興趣，協助學生獲得知識，更要鼓勵學生奮發向上，成為社會上有用的人。

教師在教學生涯中，最重要的還是教學態度。所謂「格局決定結局、態度決定高度」，誠然不假。教師的敬業精神與態度，係決定教學成效的最關鍵要素，這一點可以從施泰納認真教學獲得印證。他在早年私人教師工作中，為了以最經濟的心力負擔，讓學生能夠達到最

佳的學習成效，他常常要爲半小時的授課，準備長達兩個小時。就是因爲他這種態度和付出，才能把一位患有腦積水，有嚴重學習障礙的學生，教導成爲就讀醫學院的高材生。

有了專業精神與態度，教師在教學準備中要確實了解和掌握學生在身、心、靈上的發展節奏，才能決定適宜的課程與教學方式。能夠根據學生發展的特質與需求，採用權變式的對應策略，才能引起學生學習動機，有效達成教育目標。

在教育目標的設定上，要注重德智體群美全人的發展，而不能侷限於知識的傳遞。在這一點上，華德福教育的目的——培養一個身、心、靈和諧發展，達到善、美、眞的理想，懂得感謝、具有愛和自由的人，是很值得重視的。

在教育目標上，華德福教育所批評的傳統學校僅注重紀律訓練，而忽略學生自治精神和靈性的培養，也是一針見血的。「教育不是訓練」，亦即教育和訓練是兩件不同的事，但常被人混爲一談；尤其是道德教育和道德紀律訓練、技職教育和職業訓練，仍有很多人無法釐清它們的意義和功能，實在令人擔憂。

有了適當的教育目標後，其次要考慮的是適合的教學內容。根據華德福教育，教學內容要以生活爲導向，讓學生爲生活而學習、在生活中學習，培養生活中應用及解決問題的能力，這種教學內容也是較符合素養導向教學所強調的特徵。

在教學方法上，除了做中學、生動活潑的教學之外，如何根據學生個別差異，實施差異化教學（differentiated instruction），也是十分重要的。差異化教學係指教師能依據學生個別差異及需求，彈性調

整教學內容、教學方法和評量方式，以提升學生學習效果和引導學生適性發展。這種教學方式，不僅風行於歐美各國，其實與孔子所提倡的「因材施教」理念是相通的。

再者，要做一位成功的現代老師不能僅限於教室教學，而是要走出教室的象牙塔，對教師同儕實施「同儕輔導」（peer coaching），經由同儕輔導，不但可以協助、支持、輔導教師同儕專業成長，而且可以在教導他人的同時，自己也獲得專業成長。這種作法，不但是利他，也是利己的工作，很值得教師們加以採用。

最後，教師要和行政人員戮力同心，協助行政人員把學校辦成一所模範學校。以學校的成就，當成是自己的責任；以學校的光榮，當成是自己的驕傲。當學校有成就後，再把學校的辦學理念與成就，向外推廣出去，造就更多、更優質的學校，這也正是施泰納終生在教育上不懈奮鬥的理想。

## 五、對教學輔導教師制度的啟示

施泰納的生平事略及學說對於教學輔導教師制度亦頗有啟示。首先，教學輔導教師要有助人的宏願，相信利人便是利己。教學輔導工作就是助人的專業，在助人的過程，一方面獲得助人的快樂，另方面也對自己的教學專業有所增益，實在是一個很值得資深優良教師薪火相傳的任務。

要做好教學輔導教師的角色，就必須在課程與教學上進一步精進，另在教學輔導知能上有所發展。是故，教學輔導教師要有好學不

倦的態度，能善用各種學習機會，在上述兩個方面，進行加深加廣的學習。當然，學習的途徑除了研習進修、社群討論等正式課堂的學習之外，亦可透過自學的方式來充實自己，進行自我專業成長。

教學輔導教師的學習可以從實踐中學習，也就是透過帶領夥伴教師的實作過程中，不斷地反思、不斷地修正，累積自己的教學輔導技巧，所謂「做中學，行中思，做中求進步」便是這個道理。這種從教學輔導實務中的學習，其重要性不亞於教學輔導理論的學習。

在教學輔導途徑中，教學輔導教師可以採取「差異化教學輔導」（differentiated mentoring），亦即教學輔導教師與夥伴教師在信任合作的基礎上，尊重、理解夥伴教師在教師承諾程度、抽象思考能力程度、以及教學專業水平等發展程度，協商選擇適當的輔導行為與技術，共同擬定具體之輔導計畫，協助夥伴教師省思教學，增進教學效能。

在教學輔導模式中，一個很適合教學輔導教師與夥伴教師互動的模式，便是「同儕輔導」。透過數個教學輔導教師與數個夥伴教師所組成的讀書會或社群，可以針對夥伴教師們的集體成長需求，來學習新的教學模式或者改進既有教學策略，進而提升夥伴教師所教導的學生之學習成效，實在是一個很值得推廣的教學輔導模式。

## 六、結語

魯道夫‧施泰納博士誠是一位人格偉大，成就非凡的天才，他在哲學、教育、醫學、科學、宗教、經濟學、農業、建築、戲劇、韻律

藝術等諸多領域，都留下了可觀的遺產。特別是在教育上，他一手創建了華德福學校，而今果實累累，嘉惠了無數的莘莘學子，是故稱他為華德福教育的開創者，甚至華德福教育之父，應不為過。讓我們緬懷他一生奮鬥的故事，學習他的教育理想與奉獻，追隨他的腳步，一步一腳印地努力，為臺灣、為華人世界、乃至全人類，建構更優質的教育。

# 12

# 蒙特梭利 兒童教育的先驅

# 一、前言

瑪莉亞・蒙特梭利博士（Maria Montessori, 1870-1952）爲 19 世紀的義大利醫學博士、女教育家，她以科學觀察、實驗的精神，發現兒童成長的自然法則，亦即兒童具有自我學習，使自己趨於完美的潛能，而做老師的要安排良好的學習環境，讓兒童充分發展潛能。蒙特梭利依循此一發現，提出了嶄新的兒童教育理念及實踐。她的教學法盛行於五大洲，可說是 19-20 世紀最偉大的教育家之一，有非常值得介紹的必要。是故，先略述其生平事略，再說明其教育思想，最後再闡述其生平事蹟與學說對教師專業與教學輔導教師制度的啟示。

# 二、生平簡述

依據政大臺灣蒙特利教育基地（2023）、Standing（1995）、Association Montessori Internationale（2023）的論述，蒙特梭利的生平可以簡述如下：

## （一）重視教育的雙親與自尊心強烈的女兒

蒙特梭利成長於一個幸福、有教養的家庭。她的父親亞歷山卓・蒙特梭利（Alessandro Montessori, 1832-1915）是波隆那（Bologna）的貴族後裔，當過軍人，因英勇作戰而受賞，後在財政部工作，任職國營菸草手工製造廠。母親芮妮爾・斯托帕尼（Renilde Stoppani, 1840-1912）是神學兼地質學教授安東尼奧・斯托帕尼（Antonio

Stoppani, 1824-1891）的姪女，是位虔誠的天主教徒，外表迷人，亦接受良好的教育。

蒙特梭利自孩提時代，便具有強烈的憐憫心，對不幸的人們極為關注。她常為窮人縫製衣服，也同情鄰居中有一位駝背的女孩，便與她為友，並盡可能陪她外出散步。儘管這位女孩並不怎麼領情，她也不以為意，在母親建議下，改採其他方式來幫助這位不幸的少女。

另自孩提時代，蒙特梭利的自尊心就非常強烈。就讀公立小學時，有位老師曾用略帶侮蔑的口吻談論她的眼睛，為了表達抗議，蒙特梭利從此不再這位老師面前抬起雙眼。從這件微不足道的小事，就可以看得出蒙特梭利從小就一貫的主張：即使是最幼小的孩童也應獲得應有的尊重。

## （二）關心科學與就讀醫學院的新女性

蒙特梭利 12 歲時，她的父母決定搬遷到羅馬，以使她能接受較好的教育。隨著學業的進步，她開始突破侷限女性職業發展的屏障。從 1883 年到 1886 年，她在米開朗基羅工科學校學習，她的目標是成為一名工程師。這在當時是非常不尋常的事，因為那時小學畢業後能繼續升學的女生極為少數，而那些有幸就讀中等教育的女孩，大多數都選擇學習古典文學，而不是去技術學校學習專業技術。從 1886 年到 1890 年，蒙特梭利升學就讀當時僅收男生的李奧納多達文西皇家技術學院，研讀現代語文和自然科學。

技術學院畢業後，她的父母建議她可以擔任教職，這幾乎是當時女性就業的唯一選擇，但是她卻斷然拒絕了。此時，她興趣改變了，

她決心進入醫學院並成為一名懸壺濟世的醫生。她的父親反對這個決定，因為當時醫學院是一個純男性的就讀領域。經過一番努力，蒙特梭利爭取到與當時教育部長裘多‧巴克西里博士面談的機會。當他斬釘截鐵告訴她，她的計畫不可能實現時，她很有禮貌地與他握手致意並冷靜地說：「我知道我將成為一位醫學博士。」然後禮貌地離開了。

1890 年，蒙特梭利進入羅馬大學學習數學、物理、生物、化學等課程，兩年後以優異成績獲得文憑。這使她能夠進入醫學院，成為義大利第一批學醫女性之一，也是第一位在羅馬大學學習的女性。蒙特梭利之所以能夠脫穎而出，不僅僅是因為她的性別，還因為她強烈的學習慾望，一心想要掌握這門領域。她在醫學院獲得了一系列獎學金，再加上她透過私人家教賺取的錢，使她能夠支付大部分的醫學教育費用。這一點和她日後主張「經濟獨立在青少年成長上的價值」，確有若干關聯性。

1892 年，蒙特梭利於羅馬大學開始研讀醫學。惟因當時社會的性別觀念，使其習醫過程備嘗艱辛。在醫學院裡，她常受到男同學的排擠和輕視，甚至在解剖實驗課沒有人願意和她同組，以致於她必須經常在夜晚，獨自一人面對一具具被解剖的屍體。有一次她實在受不了了，跑出實驗室，幾乎要放棄，這時恰巧在路邊看到一位乞討婦女所帶的小男孩，在聚精會神地玩一張彩紙，而且一再把玩，這使她領悟到學習需要毅力與堅持。於是她重新回到實驗室，繼續她的作業，後來終於在 1896 年完成學位，成為義大利第一位女醫師。

## （三）行醫與授課，致力特殊教育

在蒙特梭利博士於 1896 年畢業後的最初十年，其主要工作在授課與行醫，並專注於做研究與發表論文。她的興趣並不僅限於智能障礙兒童，她也曾特別研究了兒童的神經疾病，並經常在專門性的學術刊物中發表研究結果，可以說是一位能兼顧教學、研究與服務的學者。

1896 年 11 月，蒙特梭利前往羅馬的 Santo Spirito 醫院擔任外科助理醫師。她在那裡的大部分工作都是針對窮人，尤其是他們的孩子。作為一名醫生，她以悉心照料患者而聞名，是一位醫術與醫德兼具的好醫師。她確保患者溫暖、適當進食以及診斷和治療他們的疾病。1897 年，她自願參加了羅馬大學精神病診所的一項研究計畫，正是在這裡，她與朱塞佩・蒙特薩諾（Giuseppe Montesano, 1868-1961）一起工作，並與他發展了一段戀情，在 1898 年生下他們唯一的男孩馬里奧・蒙特梭利（Mario Montessori, 1898-1982），後來馬里奧成為她事業的得力助手，並且繼承了其母的志業。

作為她在診所工作的一部分，她常去羅馬的精神障礙兒童收容所（當時智能障礙兒童被這樣稱呼），尋找病人在診所接受治療。有一次，兒童收容所的看護告訴她如何厭惡孩子們在飯後抓起地板上的麵包屑的舉動。蒙特梭利不以為意，反而意識到，在這樣一個空蕩蕩、沒有任何玩具的房間裡，孩子們迫切需要手部的感官刺激和活動，而收容所這種不當的剝奪，正在加劇他們被誤解的行為。

由於對於智障兒童的關懷，她開始盡其所能地閱讀有關學習差

異兒童的知識，尤其是她研究了 19 世紀初的兩位法國人伊塔（Jean-Marc Itard, 1775-1838）和他的學生塞根（Edouard Séguin, 1812-1880）的開創性著作。伊塔因撰述《叢林之子》（*The Wild Boy of Aveyron*）而聲名大噪。他是最早試圖根據科學原理對智障兒童進行教育的教育家，影響蒙特梭利教學法甚巨。塞根則爲法國精神病醫生，他爲智力嚴重遲鈍的兒童首創了現代教育方法。此外，蒙特梭利爲加強其在教育相關領域的知識，她旁聽羅馬大學教育學課程，研讀盧梭、裴斯塔洛齊、福祿貝爾等重要的教育哲學著作。可以說是，如海綿般的吸收新知，是她事業成功的關鍵之一。

　　1899 年，蒙特梭利被指派爲收容患有多重障礙的兒童之國立啟智學校（State Orthopherenic School）校長。這個任命是蒙特梭利人生的轉折點，標誌著她的職業身分從醫生轉變爲教育家。過往她關於兒童發展的想法還只限於理論，但是這個按照教學醫院的方式所建立的小型學校，讓她能夠將理論付諸實踐。蒙特梭利在啟智學校工作了兩年，試驗並改進了伊塔和塞根設計的教材，並對兒童學習進行科學的觀察與分析。她廢寢忘食地工作，每天從早上八點到晚上七點，她都和孩子們在一起。到了晚間，她又通宵達旦地作筆記、列圖表、比較、分析、思考，並準備新教材。她說：「那兩年的實務工作，是我在教育學上得到第一個也是眞正的學位。」

　　由蒙特梭利所主持的啟智學校校務，在短短的兩年期間，她設計了很多方法，用具體的教具，幫助這些智障孩子在教具操作中學習。兩年內，孩子們不但在心智上有所成長，而且學會了讀與寫，參加基本學力測試，竟然都通過了，有些甚至高分通過，轟動了當時的社

會。

惟蒙特梭利並不滿足於現狀，她的興趣開始由特殊教育轉向正常兒童的教育，她相信相同的方式如果應用在一般正常兒童身上，必能將他們的靈魂從僵化的傳統教學中解放出來，並且使他們在心智上，有更令人詫異的表現。

1901 年，蒙特梭利離開了羅馬啟智學校的工作，並考慮是否從事兒童教育的事業。但在化理想為實際之前，她又經過了七年的潛心學習時期。在此一階段，她雖然已是甚受學生歡迎、研究成果碩果累累的羅馬大學教授，她卻選擇重新做學生，潛心修習教育學、心理學、人類學等課程，並且在 1910 年著有《教育人類學》（*Pedagogical Anthropology*）一書。

## （四）創辦兒童之家，震古鑠金的發現

在 19、20 世紀之交，羅馬發展非常迅速，在投機開發的熱潮中，一些建築公司破產，留下未完成的建築項目，很快吸引了擅自占地者。位於羅馬貧民窟的聖羅倫斯區（the San Lorenzo quarter），有一個開發項目被一群富有的銀行家贖回經營，他們進行了基本修復，將較大的公寓分成小單元供貧困的工人家庭使用。由於工人們整天外出工作，無暇照顧的幼童成天對新建成的建築物造成了嚴重破壞，這促使開發商與蒙特梭利接洽，以提供收容、照顧孩子的方法，以防止對房屋造成進一步的破壞。

蒙特梭利迅即抓住了這個機會，創建立了她的第一個「兒童之家」（Chilren's House，義大利文：Casa dei Bambini）。她用心規

劃學習環境，並帶來了她在啟智學校所開發的一些教育材料。該所幼兒園於 1907 年 1 月 6 日（當日為基督教重要節日「主顯節」）正式開幕。在一個小型的開幕儀式上，觀禮者看到這些貧窮遭遺棄，成長在暗黑環境，沒有事物可供仿效的學童在開幕式上的拙劣表現，對該園所不寄以厚望。蒙特梭利卻有完全不同的感覺，她在開幕致詞上說：「我有一種奇怪的感覺，讓我要在此聲明，總有一天全世界都會對我們現在所要開始的工作讚譽有加。」

　　經過六個月的教育實驗，學童的學習效果逐漸顯現。蒙特梭利在這個「兒童之家」裡面，大量應用並進一步研發了各種自創的教具。實驗結果顯示，那些流著鼻涕、缺乏自信的孩子，來自父母目不識丁的家庭，竟然變得非常健康、活潑、有紀律、有自信、能讀會寫、做事井然有序、待人彬彬有禮。猶如哥倫布發現新大陸般，蒙特梭利發現與傳統觀念截然不同的諸多現象，而這些震古鑠金的發現，奠定其後蒙特梭利教學法的基礎：

1. 如果設計的教具有用，便能夠激發孩子們的興趣，導致孩子有「奇特的心智集中現象」，而達忘我的境界。
2. 兒童有「喜愛重複」的傾向，對喜愛的活動，樂此不疲。
3. 兒童有「喜愛秩序」的天性，能將玩過的教具一一歸回原位。
4. 當這群學童知道如何使用一批教材，即有能力依據其喜好做「自由的選擇」。
5. 學童「喜愛工作甚於遊戲」。
6. 既然學童能從活動中獲得內在的成就感，所以外在的「獎懲是多餘的」。

7. 兒童在心靈深處是「喜愛寧靜」的，而不是喧囂的一群。

8. 在充滿心靈的愉悅下，「孩子們會婉拒糖果」等外來誘因。

9. 保持「個人尊嚴」是天賦人權，即使是很幼小的學童也有強烈的自尊心。

10. 這群 4 至 5 歲的學童，在沒人刻意教導下，竟然可以「爆發寫字能力」。

11. 寫字要比「閱讀」來得早，而書寫的真義，就是傳達人類的思想。

12. 在良好的學習環境下，學童會表現出「自發的紀律」，而自發紀律係「宇宙定律」的一部分。

13. 秩序與紀律緊密結合而帶來「自由」的事實，將能引起學童最大的興趣，並給予思維發展的最佳途徑。

　　兒童之家的孩子們取得了非凡的進步。到 1908 年秋天，共有五所兒童之家在義大利本土陸續營運，其中四家在羅馬，一家在米蘭。蒙特梭利新方法的消息迅速傳播開來，她的成果不僅全國矚目，而且驚動了世界許多國家關心教育的人士，上至女皇、下至船員，紛紛前來參觀。一年之內，瑞士的義大利語區開始將其幼兒園改造成兒童之家，新的教育方法開始傳播。

　　在 1909 年夏天，蒙特梭利為大約 100 名學生開設了她的第一門幼兒教育培訓課程。這一時期的筆記成為她的第一本書，同年在義大利出版，1912 年在美國以《蒙特梭利教學法》（*The Montessori Method*）的譯本出現，成為非小說類暢銷書排行榜上名列第二的暢銷書。不久之後，它被翻譯成 20 種不同的語言，成為一本具重大影響力的教育經典。

## （五）推廣蒙特梭利教育，成為世界兒童教育的顯學

在聖羅倫斯兩年的試驗，係蒙特梭利一生的轉捩點。剛開始僅有羅馬少數社交圈知道她，之後她的名字響遍了所有文明世界。由於全球的熱烈回響，她覺得有責任為全球所有已出生、將出生、未出生的兒童，爭取他們的權利和自由，乃在 1911 年，毅然辭去大學教職，並將名字從開業醫生名單中除去，開始嶄新的生活。當然，她的研究與推廣活動，也獲得許多有識之士的贊助，例如：在羅馬，一群對蒙特梭利有興趣的人士，組織了一個蒙特梭利社團，瑪葛莉塔女皇（Queen Margherita of Savoy）便是其主要贊助者。

從 1911 年之後是蒙特梭利思想的大發展時期。蒙特梭利將其一生致力於傳播她透過在許多國家開辦的課程，和舉辦講座而開發的教育方法。蒙特梭利社團、培訓項目和學校，在世界各地如雨後春筍般湧現。蒙特梭利的思想以令人想不到的速度，在全球各地生根茁壯，例如：德國、奧地利、荷蘭、英國、美國、法國、西班牙、印度、義大利等國家，紛紛在蒙特梭利指導下，設立兒童之家。在這裡，每樣設備都是依據孩子的大小和需要而設計的；所採用的教學法也是蒙特梭利教學法。

在第一次世界大戰之前和期間，她三次前往美國講學，那裡對她的教育方法很感興趣。1913 年，她首次前往美國講學，成為發明家愛迪生（Thomas Edison, 1847-1931）家中的座上賓，愛迪生對她的成就極為讚許。不久，「美國蒙特梭利學會」成立，由發明電話的貝爾（Alexander Graham Bell, 1847-1922）擔任主席，榮譽總幹事是由

當時美國總統的女兒瑪格麗特‧威爾遜（Margaret Woodrow Wilson, 1886-1944）擔任。1914 年，蒙特梭利在紐約市卡內基音樂廳向只能站著的聽眾發表演講。1915 年，她受邀參加在舊金山舉行的巴拿馬太平洋萬國博覽會，在大會期間，她以玻璃屋的建築型態，搭建了一個功能齊全的蒙特梭利教室，向絡繹不絕的參觀者展示蒙特梭利教學法。

## （六）受法西斯極權的迫害，在印度講學

1917 年，蒙特梭利遷居西班牙巴塞隆那，在那裡創建了一個教育學研討會實驗室（Seminari-Laboratori de Pedagogía），這是一個試驗她新教學法的基地。她除了仍到世界各國講學外，更孜孜不倦地從事兒童教育的研究，不但將研究範圍向下延伸到學前兒童（0-3 歲），而且向上延伸至小學階段。此外，爲了研究及推廣蒙特梭利教育，於 1929 年成立國際蒙特梭利協會（Association Montessori Internationale, AMI），總部設於柏林，後於 1935 年遷至阿姆斯特丹。

蒙特梭利懷揣著一個雄心壯志，即建立一個永久性的研究和開發中心來研究她的兒童教育方法，但是可惜的，她的志業因爲歐洲法西斯主義的興起而被迫受阻。到 1933 年，德國所有蒙特梭利學校都已關閉，她的肖像在柏林的書籍籌火上被燒毀。1936 年，在蒙特梭利拒絕配合墨索里尼（Benito Amilcare Andrea Mussolini, 1883-1945）將義大利蒙特梭利學校納入法西斯青年運動的計畫兩年後，義大利所有蒙特梭利學校也都被關閉。西班牙內戰的爆發迫使蒙特梭利放棄她

在巴塞隆那的寓所，1936 年夏天，一艘英國戰艦將她帶到英國，過著流亡的生活。

1939 年，蒙特梭利與其兒子馬里奧踏上了前往印度的旅程，在馬德拉斯（Madras）進行了為期三個月的培訓課程，隨後進行了長達七年的居留和講學。然而隨著第二次世界大戰的爆發，作為敵對一方的義大利公民馬里奧被拘禁，而蒙特梭利則被軟禁。她在 70 歲生日時向印度政府提出釋放馬里奧的要求，得到了批准，之後他們一起培訓了 1,500 多名印度教師。蒙特梭利仍然在軟禁中，在科代卡納爾（Kadaikanal）的鄉村山站度過了兩年，這段經歷引導蒙特梭利思考所有生物之間關係的本質，並且命名其為「宇宙教育」（Cosmic Education）。宇宙教育是蒙特梭利哲學的基石。它的核心是講述萬物互聯的故事。它將教育的作用描述為全面的、整體的和有目的性的；涵蓋整個人在宇宙背景下的發展。它還論述了人類有一項「宇宙任務」的可能性，即為子孫後代創造更美好的世界。

事實證明，在印度的歲月對蒙特梭利來說非常重要，這讓她有機會豐富她的教育理念和方法。此外，她也遇到了印度聖雄甘地（Mohandas Karamchand Gandhi, 1869-1948）、尼赫魯（Jawaharlal Nehru, 1889-1964）和泰戈爾（Rabindranath Tagore, 1861-1941），普遍被印度人的靈性和他們對她的慷慨和善意所吸引。

## （七）勤奮工作的晚年

1946 年，蒙特梭利回到荷蘭，依然像早年一樣，活動不斷、熱忱不減。她周遊各國，開課、演講。1949 年，她首度受諾貝爾和平

獎提名，隨後兩年更接連受到提名。同年秋天，應邀到聯合國教育科學文化組織演講。同年 12 月獲法國政府頒發榮譽十字勳章，由巴黎大學蘇本校區校長，以法國政府名義在莊嚴氣氛下授與。

1950 年，蒙特梭利參加於阿姆斯特丹舉行的國際論壇，慶賀她的 80 歲生日。她奔波於挪威與瑞典之間進行巡迴演講。她成為義大利代表團的一員，於佛羅倫斯（Florence）參加聯合國教科文組織大會，並於義大利佩魯賈（Perugia）大學進行一系列演講。最後在荷蘭受到威荷米娜女王（Queen Wilhelmina）接見，並獲頒奧蘭治納塞勳章（Order of Orange-Nassau），以及阿姆斯特丹大學榮譽博士學位。1951 年在倫敦參加第九屆國際蒙特梭利大會，這是她最後一次重要的公開活動。

瑪莉亞‧蒙特梭利一生勞苦，為全世界兒童們犧牲奉獻，將人性發揚光大，終於在 1952 年 5 月 6 日，逝世於荷蘭的諾地威克（Noordwijk），享年 82 歲。在她的墓碑上寫著：「我祈禱我心愛的孩子們，所有人都能進入我在人類和世界裡所建造的安寧和平！」

## 三、教育學說

蒙特梭利的教育思想相當豐碩，但是最著名的還是其所創建的《蒙特梭利教學法》，據統計，全球有 2 萬多所的蒙特梭利學校實行該教學方法，服務於從出生至 18 歲的孩子（維基百科，2023）。

Standing（1995）指出，蒙特梭利的教育理念強調尊重兒童為獨立的生命個體，重視兒童的自由、獨立及自我教育。相對的，兒童也

必須學習尊重別人的自由、獨立及學習的權利。

簡淑眞（1998）指出，蒙特梭利教學法的課程內涵爲環繞其設計之教具而成，包含實際生活教育、感覺教育、學科教育（含語文、數學、地理、自然科學等）及文化與藝術教育等四部分。

陳秀芬（2023）則指出，蒙特梭利教學法的特徵則計有下列11個：(1) 尊重兒童，以兒童爲中心；(2) 給予兒童自由的選擇權；(3) 把握兒童的敏感期；(4) 混合年齡教學；(5) 著重智慧和品格的養成；(6) 尊重兒童的成長步調，沒有課程表；(7) 教師是一個引導者；(8) 配合兒童的環境及豐富的教具；(9) 屏除獎懲制度；(10) 注重日常生活教育及感官教育；(11) 注重本土文化及跨文化教學。

## 四、對教師專業的啟示

綜觀蒙特梭利的事蹟與思想，有許多值得臺灣教師學習的地方。首先，教師對人要有憐憫的心。所謂惻隱之心，人皆有之。惟教師需要有更強烈、更充沛的同理心，才是較適合當老師。

憐憫的心表現在學生身上，便是教育愛。是故，教師要對學生發揮無比的教育愛，來教育學生、感化學生、成就學生。特別是那些智能障礙兒童以及社經文化背景弱勢的兒童，更是教師發揮教育愛的最佳對象。能夠把這些學生，每一個都帶上來，才能產出更大的附加價值。

其次，「學爲良師，行爲世範。」作爲一位好老師，不但要在職前培育階段悉心學習，而且要在導入輔導階段以及在職發展階段都要

努力學習，才能培養足夠的專業知能，來滿足學生的學習需求以及面對教育環境不斷變遷的挑戰。另外，如蒙特梭利所示範的，教師學習不但需要毅力與堅持，而且要有如海綿般地吸收新知，然後將之轉化為有用的知識，才能終有所成。

當學有所成，要當一位正式教師的時候，首先要表現的教育理念，便是要尊重學生為獨立的生命個體，重視學生的自由、獨立及自我教育。如何在教學內容上，實施德智體群美五育均衡發展的全人教育；如何在教學方法上，以差異化教學的作為，來滿足每一位學生的個別需求；以及如何在班級經營上，安排學習環境，引導學生自主學習，在在顯示教師在課程教學與班級經營上的功力。此等作為，亦顯示現代教師的角色是「引導者」（facilitator），而不是「指導者」（director）。

再者，要做一位成功的老師，要有蒙特梭利般不滿足現狀，追求更美好教育的心態與作為。就像蒙特梭利從特殊教育走向幼兒教育，復從幼兒教育延伸至學前教育和小學教育一樣，所付出的心血愈多，對教育界的貢獻也愈大，乃成為舉世景仰的大教育家。

然而教師不滿足現狀，要不斷追求進步，這時便需要有研究的能力做後盾，是故，作為一位成功的教師必須要有「行動研究」的知能，才能一方面促進自己的專業成長，另方面解決自己所面對不斷發生的教育問題。當然，教師除了進行「個人的行動研究」，更可以與教師同僑一起進行的「協同行動研究」。後者不但有更多的參與者，而且會有較廣泛而深遠的影響，另外，對合作分享教學文化的建構也有所助益。

現代教師不滿足現況，要發揮更大的影響力的另一個作法就是要把握機會，走出教室的象牙塔，承擔「教師領導」的角色，這樣才能對教育界有更大的貢獻。誠如張德銳（2016-129）在《教師專業：教師的生存與發展之道》一書中所說的：

　　　學校是學習者與領導者的社群，每位教師都可以成爲領導者。在中小學教育現場，只要用心學習，就可以成爲專業型的教師；只要有心付出，就能成爲教師領導者。教師領導在學校改革上具有巨大潛能，非常值得國人加以喚醒、發掘、培植和運用。

　　現代教師更要抱持「服務領導」的心態爲社會服務，就像蒙特梭利對兒童教育的犧牲奉獻一樣，「德不孤，必有鄰」，乃在社會各界有廣大的贊助者。同樣的，一位有心的教師，如能盡心盡力服務學生、同事和學校，一定會受學生、家長、同事以及行政人員高度肯定和支持的。

　　最後，教師要像蒙特梭利一樣，要有終身學習到老以及服務到老的心態與作爲。一個人的一生非常短暫，不善用這麼短暫的時光來學習、來服務眾生，實在是一件相當可惜的事。佛家有言：「不爲自己求安樂，但爲眾生求離苦」，便是這個道理，很值得我們身體力行。

## 五、對教學輔導教師制度的啟示

　　蒙特梭利的生平事略及學說對於教學輔導教師制度亦頗有啟示。首先，教學輔導教師對夥伴教師對要有悲天憫人的心。見到初任教師及新進教師在適應環境遇到困難，及時加以協助解決；遇到自願成長的教師，協助他們突破教學的瓶頸；遇到教學困難教師，及時伸出援手。而這種憐憫的心表現在同事身上，便是同事愛。

　　其次，教學輔導教師應尊重每一個夥伴教師都是獨立的生命個體，都有其不同的人格特質、學習需求與學習方式。是故，教學輔導要成功，勢必要先理解夥伴教師的人格特質、學習需求與學習方式等，然後才能採取適當的教學輔導內容與風格。以夥伴教師為本位，尊重其需求，引導其發揮潛能，是一個很重要教學輔導原則。

　　再者，教學輔導要發揮服務領導的功能，誠如德蕾莎修女所說的：「愛，就是在別人的需要上，看到自己的責任！」教學輔導教師以僕人領導的精神，以服務夥伴教師為自己的職責，看到夥伴教師成長了，就是自己的成就。

　　和服務領導相接近的一個新興領導理論便是教師領導。作為學校的骨幹教師，教學輔導教師沒理由獨善其身，應以兼善天下為己任，以領導同仁參與學校革新與發展為要務。當同仁成長了，當學校進步了，教學輔導教師才可以說：「我已盡心盡力了！」

## 六、結語

　　蒙特梭利是一位偉大的教育家，是國民教育的先驅。她的作為不只限於特殊教育、幼兒教育，更普及至學前教育與小學教育；她的貢獻，不只侷限於她所出生的義大利，她對全人類有著革命性的影響，我們推崇她是兒童人權的捍衛者、世界和平的守護者。她的教育哲語：「避免衝突是政治的事；締造和平是教育的事」（Preventing war is the work of politicians, establishing peace is the work of educationists）（Montessori, 1992: 24），誠然值得每一位政治工作者和教育工作者謹記在心，並終身奉行。

# 參考文獻

中野幸次（1980）。**蘇格拉底**。（駱重實，譯）。名人出版社。

田士章、余紀元（1991）。**柏拉圖、亞理士多德**。書泉出版社。

田戰省（主編）（2011）。**影響世界的大教育家**。北方婦女兒童出版社。

江宜樺（1999）（導讀・選讀）。**西方自由主義之父 —— 洛克作品選讀**。誠品。

朱啟華（2008）。論康德的教育學說及其性格。**臺中教育大學學報：教育類，22**(2)，1-14。

朱高正（2004）。康德小傳。**鵝湖月刊，347**，39-51。

李文奎（1995）。亞里斯多德。載於趙祥麟（主編），**外國教育家評傳**（一）（頁 91-112）。桂冠圖書公司。

李文奎（1995）。洛克。載於趙祥麟（主編），**外國教育家評傳**（一）（頁 441-470）。桂冠圖書。

李明德（1995）。康德。載於趙祥麟（主篇），**外國教育家評傳**（二）（頁 105-132）。桂冠圖書。

李園會（1997）。**幼兒教育之父 —— 福祿貝爾**。心理出版社。

林玉体（1980）。**西洋教育史**。文景出版社。

林玉体（1995）。**西洋教育思想史**。三民書局。

林玉体（2011）。**西洋教育思想史（修訂三版）**。三民書局。

政大臺灣蒙特利教育基地（2023）。**蒙特梭利生平**。https://sites.
google.com/y2edu.org/tmec/%E8%AA%8D%E8%AD%98%E8%9
2%99%E7%89%B9%E6%A2%AD%E5%88%A9/%E8%92%99%
E7%89%B9%E6%A2%AD%E5%88%A9%E7%94%9F%E5%B9
%B3

易杰雄（1991）。**康德**。書泉出版社。

侯鴻勛（2000）。**康德**。中華書局。

威基百科（2023）。**蒙特梭利教育法**。https://zh.wikipedia.org/wiki/
%E8%92%99%E5%8F%B0%E6%A2%AD%E5%88%A9%E6%95
%99%E8%82%B2%E6%B3%95

許盈惠（2010）。**斯泰納人智學教育學之研究**〔未出版之碩士論
文〕。國立臺中教育大學。

許家琪（2011）。杜威的教育哲學對於終身學習之啟示。**育達科大學
報，29**，163-176。

許智偉（2012）。**西洋教育史新論**。三民書局。

郭小平（1998）。**杜威**。中華書局。

梁福鎮（2004）。**改革教育學──起源、內涵與問題的探究**。五南
出版公司。

梁福鎮（2008）。斯泰納人智學教育學之探究。**當代教育研究季刊，
16**(1)，121-153。

陳秀芬（2023）。**蒙特梭利的教育理念**。https://www.montessori.idv.
tw/specialty.htm

陳峰津（2011）。**杜威教育思想與教育理論**。五南出版公司。

張德銳（2016）。**教師專業：教師的生存與發展之道**。五南出版公司。

傅佩榮（1998）。**柏拉圖**。東大圖書公司。

袞奇（1980）（譯）。**盧梭－名人偉人傳記全集之75**。名人出版社。

賈馥茗、林逢祺、洪仁進、葉坤靈（2013）。**中西重要教育思想家**。國立空中大學。

趙祥麟（1995）（主編）。**外國教育家評傳（二）**。桂冠圖書。

趙雅博（1998）。亞里斯多德。載於劉眞（主編），**師道**（頁479-491）。桂冠圖書公司。

劉以煥、王鳳賢（2000）。**蘇格拉底：述而不作的古希臘聖哲**。婦女與生活文化事業。

劉幸枝（2010）。**在曠野中學飛──國際教育使徒柯美紐斯傳**。中華福音神學院出版社。

賴輝亮（1997）。**柏拉圖傳**。河北人民出版社。

簡淑眞（1998）。蒙特梭利教學法與單元教學法對幼兒發展影響之比較研究。**家政教育學報，1**，59-88。

Dunn, J.（1990）。**洛克**（李連江，譯）。聯經。

Kuehn（2005）。**康德：一個哲學家的傳記**（黃添盛，譯）。商周。（原著出版於2001）

Lindenberg, C.（2014）。**華德福教育之父**（蔡慈哲，譯）。心理出版社。（原著出版於1992）

O'Connor, D. J.（1979）。**洛克**（謝啟武，譯）。長橋出版社。

Standing, E. M.（1995）。蒙特梭利與兒童教育（徐炳勳，譯）。及幼文化。（原著出版於 1966）

Association Montessori Internationale (2023). *Biography of Maria Montessori*. https://montessori-ami.org/resource-library/facts/biography-maria-montessori

Britannica (2023). *John Locke: English Phylosopher*. https://www.britannica.com/biography/John-Locke

Internet Encyclopedia of Philosophy (2023). *John Locke*. https://iep.utm.edu/locke/

Montessori, M. (1992). *Education and peace*. ABC-Clio.

Rudolf Steiner Web (2023). *The creative genius of Rudolf Steiner*. https://www.rudolfsteinerweb.com/Rudolf_Steiner_Biography.php

Stanford Encyclopedia of Philosophy (2023). *John Locke*. https://plato.stanford.edu/entries/locke/

Wikipedia, the free encyclopedia (2023). *Rudolf Steiner*. https://en.wikipedia.org/wiki/Rudolf_Steiner

國家圖書館出版品預行編目(CIP)資料

西洋教育家的故事：兼論對教師專業與教學
輔導教師制度的啟示/張德銳著.--初版.--
臺北市：五南圖書出版股份有限公司,
2023.08
面；　公分

ISBN 978-626-366-273-5(平裝)

1.CST：教育家　2.CST：傳記

520.99　　　　　　　　112010218

1I7T

# 西洋教育家的故事
## 兼論對教師專業與教學輔導教師制度的啟示

作　　者 ― 張德銳

發 行 人 ― 楊榮川

總 經 理 ― 楊士清

總 編 輯 ― 楊秀麗

副總編輯 ― 黃文瓊

責任編輯 ― 李敏華

封面設計 ― 陳亭瑋

出 版 者 ― 五南圖書出版股份有限公司

地　　址：106臺北市大安區和平東路二段339號4樓

電　　話：(02)2705-5066　　傳　　真：(02)2706-6100

網　　址：https://www.wunan.com.tw

電子郵件：wunan@wunan.com.tw

劃撥帳號：01068953

戶　　名：五南圖書出版股份有限公司

法律顧問　林勝安律師

出版日期　2023年8月初版一刷

定　　價　新臺幣360元

※版權所有·欲利用本書內容,必須徵求本公司同意※

五南
WU-NAN

全新官方臉書

五南讀書趣

WUNAN
Books
since1966

Facebook 按讚

1 秒變文青

★ 專業實用有趣
★ 搶先書籍開箱
★ 獨家優惠好康

五南讀書趣 Wunan Books

不定期舉辦抽
贈書活動喔！！

# 經典永恆·名著常在

## 五十週年的獻禮——經典名著文庫

五南，五十年了，半個世紀，人生旅程的一大半，走過來了。

思索著，邁向百年的未來歷程，能為知識界、文化學術界作些什麼？

在速食文化的生態下，有什麼值得讓人雋永品味的？

歷代經典·當今名著，經過時間的洗禮，千錘百鍊，流傳至今，光芒耀人；

不僅使我們能領悟前人的智慧，同時也增深加廣我們思考的深度與視野。

我們決心投入巨資，有計畫的系統梳選，成立「經典名著文庫」，

希望收入古今中外思想性的、充滿睿智與獨見的經典、名著。

這是一項理想性的、永續性的巨大出版工程。

不在意讀者的眾寡，只考慮它的學術價值，力求完整展現先哲思想的軌跡；

為知識界開啟一片智慧之窗，營造一座百花綻放的世界文明公園，

任君遨遊、取菁吸蜜、嘉惠學子！